経済成長という病

退化に生きる、我ら

平川克美

講談社現代新書

1992

長いまえがき

本書を書くきっかけとなった二つの節目について、まず最初に触れておきたいと思う。

二〇〇〇年の夏から秋にかけて、私は何度か日本とアメリカ西海岸を往復した。その前年にシリコンバレーのビジネス風土に憧れた日本のビジネスマンたちを中心に、日本と米国のベンチャー・ビジネスの橋渡しをする会社をつくろうという動きがあった。私は、当初は部外者であったのだが、ほとんど行きがかり上といった感じでこの会社の社長になり、同時に日本側にも同じ趣旨の会社を設立した。それまでの二十七年間は、仲間たちと設立した翻訳会社を細々と続けていたが、これをきっかけに元の会社を辞めて、新会社の経営に没頭してゆくことになった。

世はインターネットバブルの真っ最中であり、株価は暴騰し、ＩＴ長者がもてはやされるという時代であった。そんな時代風潮に違和感もあったが、私にあわよくば一攫千金といった浮かれ気分がなかったとは言えないだろう。私もまた、バブルのお先棒を担いでいたのである。以後の十年間は、あの浮かれきった時代に浮遊していた自分に落とし前をつける時間だったと言えるのかもしれない。

私はこの間の自分を、批判的に検証するつもりで二冊のビジネス書らしきものを書いた。私のビジネスマンとしての生活は、他のビジネスマン同様にありきたりのもので、具体的で日常的な経営努力の積み重ねに過ぎないが、自分のビジネスを検証してゆく作業の中で、それまでほとんど気にもかけなかった日本という国の、奇妙な変化といったものが視野の先に入ってきた。つまり、私がアメリカの会社に参加した二〇〇〇年あたりを境にして、それ以前とそれ以後では人々の考え方も、言葉づかいも大きく変わったということである。「価値観」が変わったと言ってもよいかもしれない。

私がその変化を「奇妙な」と形容する理由は、そこに、なぜ、どんな経緯があって「価値観」が変わったのかがよく見えないからである。それは単に、時代が進歩したということなのか、それともどこかで国民的合意というものがあったのか、だれかが強引に変えたのか。私はもう一度その変化について考えてみたいと思ったのである。

＊

もうひとつの節目は、副題の「退化に生きる、我ら」という言葉に関係している。この言葉は、私（たち）が三十七年前に発行していた同人誌に、同人仲間の森下哲志が発表したエッセイとも詩ともつかない作品のタイトルである。かれはこう書いた。

「ロプロプの飛翔　退化に生きる、我ら！」

ロプロプとは、荒れ狂う海や戦火に焼かれる都市を飛ぶマックス・エルンストが描いた伝説の怪鳥である。かれがこの文章を書いた年、つまり一九七二年とは、対日講和条約の下でアメリカの支配下にあった沖縄が返還され、浅間山荘連合赤軍事件が起きた年である。通産大臣だった田中角栄が「日本列島改造論」を発表したのもこの年である。

今から振り返って見れば、これら一連の出来事の背後には、「戦後的なもの」の終わりを告げる弔鐘《ちょうしょう》が鳴っていたように思える。時代が大きく変わろうとしていることだけは誰の眼にも確かなことであったが、新たな時代がどこへ向かっているのかについては誰も明確には把握できてはいなかった。

若き森下は、この時代の表層に浮遊するのではなく、自らの感性を恃《たの》み、覚悟を持って時代の変化の中心へ飛び込め、そして生き方を転換せよ、という意味をそこに込めたのだと思う。若さゆえの気負いといえば、その通りだが、森下のメッセージは錘《おもり》のように私の内部深く下ろされた気がした。

あれから長い年月が経過し、久しくかれの消息を聞いていていない。私が、忘れかけていたかれの言葉を思い出したのは、当時と同じように、今また否応なしに時代の転換点に立ち会うことになったからだろう。確かに時代は大きく転換しようとしているが、果たして私たちは、揺れ動く時代の表層に浮遊することから自らを解き放つことができるのだろうか。

*

さて、大雑把に言って二十世紀が政治の時代だったとすれば、今世紀は経済の時代ということになるのだろうか。それは上記の二つの「節目」にも対応している。経済の時代とは、卑近な言い方をすれば、金持ちが、ただ金持ちであるという理由だけで威張っていられる時代だともいえる。それまで急速に進展してきた消費資本主義は、お金の力をその限度枠いっぱいまで膨張させてきたといえるだろう。

もちろんそうでない時代もあった。敗戦後の日本人は、明日の釜の蓋をあけるために、質素堅実を旨として懸命に働いてきた。粗衣粗食ではあっても、生活を楽しみ同時にそれを律する独特な「思想」が生まれた。世界では東西角逐する冷戦の緊張が続き、社会主義陣営と自由主義陣営との間では、もっぱらイデオロギーの正当性が競われていた。

一九八九年のベルリンの壁の崩壊とそれに続くソ連の崩壊、東欧革命は、民主主義の勝利というかたちで東西冷戦体制を終わらせた。同時にイデオロギーの正当性を争うことも意味を失ったのである。

これ以後、イデオロギーの正当性に代わって、経済力が国威や覇権を決定する一義的な指標になったといえるかもしれない。この、イデオロギーから経済の時代への変化は、個人の立ち位置にも影を落とすことになる。人々の思考や生活においても、経済的差異という数値的な指標がクローズアップされることになり、言葉（思想）よりは財力、観念（イデオロギー）よりは実質、質より量が重視されるようになる。個人にとっても国家にとっても、重要なことは、思想的、文化的威信以上に、経済的優位性であると多くの人々が考えるようになっていった。そしてその経済的優位性を確保するためには、なによりも経済成長が重要であると考えるようになった。

この間、世界経済は飛躍的に拡大し、国民経済を支える産業の中心も、製造業中心の体制から、より高速で資本が回転するサービス、ソフトウエア、金融へとシフトし、人々の関心も生産から消費へと移っていった。そして、労働を尊び、質実な生活を尊ぶという価値観もまた、旺盛な消費衝動の前で風化し、拝金主義的な傾向はますます強くなっていった。

多くの人々が、富の収奪をめぐる競争に邁進《まいしん》し、富をさらに増やすために金融テクニックを駆使して、経済成長の神話を膨らませてきたのである。そしてつい昨日まで、金融バブルといわれるような、過剰な経済流動性が世界を支配していたのである。

バブル（あぶく）とはよく言ったものだ。あらゆるバブルがそうであるように、この金融バブルもいつかは弾けることになる。サブプライム・ローンという低所得者向け住宅ローンの破綻をきっかけにして、アメリカの今日の繁栄を支えてきた金融システムが危機に瀕するという事態が発生し、世界の経済は一気に収縮することになった。不況の波が瞬く間に、世界中に広がっていったのである。

想定をはるかに上回る円高が日本を直撃し、隆盛を誇っていた輸出企業が次々に業績を下方修正し、減産を理由に真っ先に期間従業員、派遣社員の解雇を発表した。大企業の生産調整は、ただちに中小零細企業に影響し、倒産件数も著しく増加した。日本経済は、戦後はじめてのマイナス成長のとば口に立ったのである。

果たしてこの経済収縮は、一時的、突発的なものとして、捉えるべきものなのだろうか。

＊

リーマン・ショックが日本の実体経済に深刻な影響を与えはじめているニュースが、頻繁にメディアで報じられるようになったちょうどその頃、私は、長いお付き合いのある、ある大手企業の役員と電話でこんな話をした。

「ところで、大阪はどうですか」

「いや、大変なことですわ。今のところまだ注残がありますが、関連会社や下請け企業の方が持たなくなってきている」

確かに、毎日のように会社倒産のニュースが伝えられている。

私のやっているような小さな会社にも、注文の減少や「不渡り」といった形で景気の後退が目に見えるようになってきていた。

「どこも大変ですね。まさか、ここ数年史上最高益を更新し、昨日までＣＳＲ（企業の社会的責任）なんて言っていた大企業が真っ先にあんなことをするなんて……」

以前より、私は、グローバリズムに対応するためと称して、リストラを断行して短期的な利益を追求する経営者の姿勢については懐疑的だった。

いや、それ以上にかれらがメディアに登場して、企業の社会的責任などという美辞麗句を弄することには違和感を感じていた。

電話の向こうで黙って私の話を聞いていたかれは、ポツリとこんなことを言った。

「いや、なんと薄っぺらい世界だったのかという思いですわ」

短い会話であったが、私にはかれの言った「薄っぺらい世界」という言葉がひどく心に残った。リーマン・ショック以後、ほとんど一夜にしてといった印象で、アメリカの繁栄を支えてきた銀行と証券が危機的な状況に陥った。金融の崩壊は、文字通り世界中にショックをもたらした。しかし、自由な市場の活力こそが経済発展の要《かなめ》であり、世界の問題を解決する動力であるという経済思想を世界に振りまき、世界に押し付けてきたアメリカが、自国の経済を救済するためにその思想も哲学もいともすばやく転換し、それに随伴していた国もまた無批判に追従している姿には言葉を失った。

書店を覗くと、平台にはグローバリズム批判や、レバレッジ金融批判の本が並んでいる。つい昨日までグローバル競争を勝ち抜くためにとか、レバレッジ投資戦略とかいうタイトルの本が並んでいた同じ場所に、正反対の論調の図書が並んでいる。酷い場合には同じ人間が、以前とは百八十度反対の立ち位置から市場原理主義批判を行っているのである。確かに「薄っぺらい」光景である。

かつて経営トップが「従業員のクビを切るならば、経営者は当然自ら腹を切るべきだ」と語っていたトヨタが期間従業員の大量解雇を行い、愛知県岡崎市や豊田市など企業城下町の風景は一変してしまった。炊き出しの列に多くの人々が並び、飲食店には閑古鳥が啼くといった光景がテレビに映し出される。

もちろん、経営陣にも言い分はあるだろう。グローバル化した企業が熾烈《しれつ》な国際競争を勝ち抜くために何をすべきかという文脈だけを見るならば、かれらの言い分には理がないとは言えない。しかし、何十年ものあいだ、競争に勝ち抜くというスローガンの下に、従業員の一人ひとりが驚嘆すべき努力を積み重ねて作り上げてきた結果が、この光景なのだとすれば、それはあまりにも皮肉な結果であると言わざるを得まい。

国際競争の勝利とか経済成長による繁栄とはかくも脆弱《ぜいじゃく》で、その間に跋扈《ばっこ》した言葉もまた、なんと薄っぺらいものであったのか。

＊

小津安二郎の名作『秋刀魚の味』の中に印象的な台詞がある。トリスバーのカウンターで酒を飲みながら、戦争に負けたことを嘆息する加東大介に、笠智衆が呟く。

「けど負けてよかったじゃないか」

加東は一瞬何を言っているのかという顔をしてこう答える。

「そうですかね。――ウーム、そうかも知れねえな、バカ野郎が威張らなくなっただけでもねえ」

このたびの金融崩壊とそれに続く経済的混乱には、勝者も敗者もいない。確かなことは時代が変わりつつあるということだけである。いったいこの十数年間とはなんだったのか。私の心の中のどこかには、「バカ野郎が威張って」いられる時代だったという思いがある。

数年前まで、経済成長はすべての病を癒すなどといい、政治家は、改革なくして成長なしと連呼していた。そのためには規制を撤廃すること。何よりも効率と、その効率を最大化する合理性が重視された。人間は自由に職業を選択し、自由に働き方を選べるようにしなければならないとも言われた。金で買えないものはないと豪語するものが、国政選挙にまで担ぎ出された。

私はこれらの背景にあった、欲望を肯定する「威張った」言説が、「バカな」人間だけによって流布され続けたのだとは思わない。

ほんとうは、誰もが、それを嬉々として受け容れたのである。

人間の欲望は誰も否定できないし、生存に必須な条件でもある。しかし、欲望の語り方、具体的にいえば個人におけるお金、企業における利潤、国家における国益といったものについて語るとき、人間はもっと「控えめ」になるべきだったと思う。

欲望こそは、人間が活動していくなかで最も中心的なエンジンであることは、疑いのない事実であり、欲望を実現するお金はどこまでも自由に流通してゆくことが、その本性でもある。人間とはまさに、この欲望によって駆動されていると同時に、その欲望を制御する存在でもある。問題はバランスであり、このバランスを欠いたときに人間は恐ろしく傲慢な存在になり、その傲慢さが生み出す歪みが、もはや社会の秩序を維持することができなくなるところまで突き進んでしまう。この十年間は、その無残な実例であったと私は思う。消費はかつてないほど活発になり、生活の利便性は向上したが、人間が自らの欲望に振り回される姿を見なければならないとすれば、それは無残な光景だと言わざるを得ない。

本書は、悪夢のようなセプテンバー・イレブンを挟んで、このたびの金融崩壊に至るまでに、私たちの身の回りに次々に起こった十年間の出来事に対しての、いくつかある読み筋のうちのひとつを書き記したものである。

それぞれの文章は独立しており、どこからお読みいただいても構わないという結構になっている。もとより統一した理論書の形態をなしてはいないし、経済危機や、格差の問題、あるいは頻発する地域紛争などに関して、何か具体的な解決策を示すために企図されたものでもない。

ただ、この間の一連の出来事には、経済成長至上主義の影の部分が否応なく反映されていること、そして何ものも永遠に成長し続けることはできないということだけは確かめておきたかったのである。

テクノロジーの進歩、利便性の向上、市場の拡大が、経済的繁栄の一方に作り出し、じわじわとその色を濃くしていった影。光と影は、対立するものではなく、私たちの立ち位置によって変化し反転する、ひとつのものの両面である。

私は、この両義的な世界における、私（たち）のとり得る「心理的立ち位置」というものについて、書いたつもりである。

それはいくぶんかは社会批評に似ているし、老人の厭世的な慨嘆に見えるかもしれない。それが、どのようなものであるかの判定は、本文をお読みいただくしかないが、誰でも評論家のように外部から「事件」を眺めて裁断することは可能だが、誰もがほんとうは外部にいたわけではないということは言っておかなければならないと思う。

私が「立ち位置」という言葉にわざわざ「心理的」と形容した理由もそこにある。私たちは、どこかでこの時代の加担者であったのであり、そのことに無自覚な言説というものには、どんな喚起力も存在しない。

不運でもあり、不幸でもある事例ばかりが取り上げられているが、ただそれを嘆いているわけではない。私は『秋刀魚の味』の笠智衆のように、不運と不幸の中から、どこかに

「これでよかったじゃないか」というものを見出すために、それらの「事件」をもう一度考えてみたいと思ったのである。

目次

序章　私たちもまた加担者であった

ベスト＆ブライテストの失敗

世紀末からミレニアム（二〇〇〇年）をまたいで二〇〇八年の金融破綻に至るまでのおよそ十年間に起こった出来事について、私は、自分なりの考えをまとめておきたいと思っていた。この十年間とは、戦後から継続してきた経済発展至上主義が行き詰まりを起こして、新たな価値観による世界の設計（それが何かはいまだ明確ではない）へ至るまでの移行期的な混乱であり、後に時代のターニングポイントとして記憶されることになるであろう出来事がちりばめられている。私たちはまさに、時代のパラダイムの転換点に立ち会っている。

「まえがき」でも書いたが、本書は、この間に起こった出来事がどんな政治的な意図や、経済的な連鎖によって引き起こされることになったのかといった国際政治の裏情報や、経済のからくりを解き明かすことを意図しているわけではない。かような国際政治・経済解説を期待されている方には、私は適任ではないし、本書は期待の外であると思う。

では、どのような意図をもって一冊の本をまとめたのかと問われるかもしれない。政治といい経済といい、研究者でも専門家でもない私にとっては、国際政治の意思決定プロセスや経済的な現象に関しては、わかることよりも、よくわからないことの方が多いのである。むしろ、私は「何だかよくわからない」ということについて、それがどうわからないのか、何故わからないのかということの道すじを明らかにしたいのである。

私たちは、自分たちが行っていること、目撃していることに関して、それが何を意味しているのか、あるいは意味することになるのかよくわからないままに、時代の文脈の変化に加担している。

たとえば、最近の出来事で言うならば、アメリカ政府は金融機関の不良債権買取のために七千億ドルの公的資金投入を決定した。あるいは日本の三菱UFJフィナンシャル・グループが、モルガン・スタンレーの株式取得に九千億円を拠出した。日々、大金が政府から銀行へ、民間から民間へと移動する様が報じられている。一方では巨額の債券や株券が一夜にして紙くずに変貌する。いったいこれらの印刷物（お金）の移動とは、何を意味しているのだろう。

もちろんそれが、金融機関の救済であったり、業界におけるシェアの拡大のための投資であったりすることは記事を読めばわかる。しかし、このお金と、私たちが日々あくせく働いて手にする小さなお金との間にある大きすぎる落差に私は戸惑ってしまうのである。

このリアリティのない巨大なお金は、私たちの日々の労働の結果から搾出されてきたもの（税金）なのだろうか。それとも、日銀やアメリカの連邦準備制度理事会が輪転機を回して刷り出した政治的な記号のようなものなのか。あるいはこのたびの金融危機の原因ともなったレバレッジ金融で、金融ブローカーのような企業が事業として稼ぎ出したものなのか。いずれにせよ、何兆円などという金を私は見たことも触ったこともないのである。大きすぎて実感の持てぬお金は、私にとっては（いや、おそらくは誰にとっても）記号でしかない。では、いま行っている記号の移動（資金移動）は、過去のどんな失敗のつけの清算をしようとしているのか。そもそも、金融崩壊に至る規制撤廃やレバレッジ金融は私たちのうちの誰が望んでいたものなのか。破裂してみれば、無理筋が作り上げたバブルだと誰もが簡単に了解できるような経済システムを、何故世界のベスト＆ブライテストが推進したのか。

振り返ってみれば、ベトナムでの泥沼、金融ドリームチームＬＴＣＭの破綻など、何故ベスト＆ブライテストはいつも失敗するのか。そして、今回の金融破綻のシナリオは誰かが意図して描いたものなのか。

ひとつひとつの事実の因果は確かによくわかるのだが、全体像としては、何故、誰が、どのような意図でこの因果を引き起こしたのかは、よくわからないままである。そして、十年が経過して身の回りを見渡してみれば、私たちの思惑とはほとんど無関係のように、人々の価値観も、街の風景もすっかり変わってしまったことに驚くのである。

しかし、ただ嘆いたり驚いたりしている私たちもまた、この時代の傍観者であったわけではないことだけは確かなことだ。私たちは、必ずその時代の変化に、どこかで加担しているはずだからである。私たちの同意も承認もなく、誰かが意図して時代を捻じ曲げたというのなら、陰謀家の謀略をあぶりだす作業を行うべきだろう。「犯人探し」をし、市場の失敗の原因をつきとめ、具体的な対策を講ずればよい。為政者が、自らの利得や名声のために勝手に世間を捻じ曲げて失敗したというなら、為政者を替えればいい。しかし、事はそれほど単純なことではあるまい。繰り返すが、私たちはどこかで時代の一端を担ぎ、その行方に同意してきた加担者であったはずである。

私たちは現在起こっている出来事が作り出している空気の中を漂っているだけで、ほんとうには目の前の出来事を見ていないのかもしれない。

私は、この「記念すべき」年に起こったことが、ビジネスや生活の現場においてどんな意味をもっているのかということを、メディアや評論家のように、事件の因果に解説を与えるという仕方ではなく、自分には何が見えており、何が見えていないのか、何故それは見えないのかを知りたいと思う。生活する人々が、それぞれの現場で、自分の頭で考え、自分の目で見ることなしには、自分たちの未来に対する処方を得ることはできないと思うからである。

自分の頭で考えるとは、自分の言葉を発見しそれを使うということである。メディアに踊る言葉ではなく、生活やビジネスの現場の中で生きている言葉でこの時代の転換点を描写するということ。そのために必要なこととは何なのだろう。

わかったつもりという思考停止

私は、こう問うてみたいと思う。二〇〇八年は、どんな時代として回顧されることになるのだろうか（この問いは本文の中でも何度も繰り返されることになるだろう）。というのは、世界を震撼させた二〇〇一年九月十一日のテロがそうであるように、この年に生起した様々な事象も、ひとつの時代の転換点として後々まで記憶され続けることになると思うからである。前者はテロとの戦争（それが何を意味するのかいまだによくわからない）が始まった年として、後者はマーガレット・サッチャー、ロナルド・レーガンの時代に始まった新自由主義（これもイデオロギーなのか経済政策なのかよくわからない）と言われる経済体制が終わった年として。

だが、この記憶には何か重要なことが欠落している。欠落しているのは私であり、あなたである。記憶の中には自分自身が写りこんでいるはずなのに、無意識的に自分自身が消去された記憶を再構成している。それで、わかったつもりになっている。

しかし、何かがわかるということは、「ああだから、こうなった」といった事実の因果が解明されるということだけでは足りない。そこに自らが果たした役割を認識するということが必要だと私は思う。自分が生きている時代について理解するということは、その絵柄の中に自分自身を発見し、もう一度描き直すことが必要なのだ。

安易にわかるということは、既知の鋳型にはめ込んでわかったつもりになっているに過ぎない。過去十年間、短期的な競争に勝利するための効率的な思考が、政治、経済、ビジネス、教育などの分野で日本を席巻した。この効率的な思考とは、結局のところ、現下の問題を過去の成功事例に還元することであった。大学のMBAコースでは成功事例研究が行われ、ビジネスの分野では成功モデルであるアメリカの経営方式が模倣された。市場競争原理の下で規制緩和が進行し、国営企業が民営化され、終身雇用というシステムが崩れ、非正規社員数が増大し、社会的な格差が拡大した。覇権国であるアメリカのスタンダードに倣ったのである。

これらの政策は、国際競争に勝つための利益の最大化、効率の最適化といった数値化可能な目標を実現するという名目で採用されていった。生産の現場から見えない非効率を排除するために、成果が数値化され、技術が標準化され、行動がマニュアル化されて、最適効率がはじき出される。要素還元的な思考を繰り返すことで、あらゆる問題が整理され、わかったつもりになる。

しかし、その前提にあるのは経済成長への信憑《しんぴょう》であることは、ほとんど誰も注意をはらおうとしてこなかった。何故成長が必要なのか、経済成長は永遠に継続され得るのかなどとは誰も深くは考えなかった。「経済成長はその恩恵によって全ての病を癒す」。トリクルダウン効果というらしいが、こんな根拠の怪しげな言説が流布され、誰もがなんだかわかったつもりになっていた。

実際にリーマン・ショック以後、メディアで議論されていることは、経済成長をいかにしたら再興できるのかという方法論の差異ばかりである。財政出動して労働者の賃金を押し上げ市場を活性化するのがよいというものもいれば、企業の競争力をさらに強化するために法人税を引き下げるべきだというものもいる。競争優位にある、エネルギーや環境の分野に積極的に投資してイノベーションを促進すべきだという意見もあれば、もう一度年功序列や終身雇用を復活させるべきだという意見もある。高度経済成長期に成功した日本的経営や労働慣習は、長期停滞に入った世界の中では通用しないのだから、さらに「改革」を進めてグローバルな競争に備えるべきだという学者がいれば、その「改革」こそが格差をうみ、市場購買力を失わせ、安定的な成長を阻害したのだという専門家もいる。

どの言い分にもいくぶんかの理があるように思えるが、経済成長を維持するという前提がなければどの言い分もほとんど意味をなさない。人口の減少や、市場の縮小は、経済成長を阻害する原因であると言うものは多いが、それらが経済成長や近代化の進展の結果なのだと言うものはほとんど見当たらない。

アメリカの金融崩壊は、当初は日本の実体経済にはさほど強い影響を及ぼさないのではないかと見られていた。与謝野馨経済財政担当相（当時）は、影響は「蜂に刺された程度」だと評言し、多くの専門家といわれるものも、日本の金融機関は失われた十年以後、経営体質の脆弱性を克服しており、自動車、電化製品などの製造業はアメリカ製品に対して技術的優位性を保持している、何よりも金融危機をすでに経験しており、回復の処方箋を有しているのだからと論じていたと思う。

だが、リーマン・ショックの数ヵ月後には、大手企業の非正規社員の解雇が始まり、新入社員の内定取消しが報じられ、トヨタ、キヤノン、ソニーといった日本を代表するものづくりの拠点で生産調整と雇用調整が始まったのである。大田区や墨田区といった零細工場の地場では、さらに状況は悲惨な様相を呈し、多くの工場が倒産、廃業へと追い込まれている。政府の景気対策当局はほとんど機能不全の状態に陥り、麻生内閣の支持率は急降下した。

現実を見れば悠長なことは言っておれない。これは百年に一度の厄災なのであり、非常事態なのだと言われる。随分大雑把な言い方だ。しかし、ほんとうに百年に一度の厄災であるなら、百年の夢から覚めて、停止した思考を再開させる必要がある。安易な理解と処方によって、また同じことを繰り返すよりは、むしろ理解と判断の保留をしたいと私は思う。

加担者としての思想

理解と判断の保留とは、別の言い方をすれば自らの思考を開始せよということである。わかるとは、それを見る視座が確固たるものとして定まることだとすれば、現在のことはほとんどわからないと思ったほうがよい。現在はどこに動き出すのかわからない。しかし、現在進行中のことについてはそれが何故わからないのかと問うことはできる。ここから思考が始まるのだ。

「考える」ことに要請されているのは、たとえば奇術の種を明かすことではなく、なぜ人は奇術にやすやすと騙されてしまうのかと問うことだと思う。かつてサルトルは、「手品師は毎晩三百人の加担者を持つ」と書いた。二〇〇八年がどんな年であったにせよ、私たちはその内部で生きていたのであり、加担者であったのだ。現場で生きている私たちに必要なことは、歴史を解釈することではなく、歴史の加担者である自分たちについて理解を深めることであると私は思う。

良くも悪しくもこの時代を象徴することになるだろう投機家の一人、ジョージ・ソロスは「私は、将来を予測することはできないという立場の人間です。それは、将来とはいまの状況に我々がいかに対処するかにかかっていると考えているから」だと言っている（「月刊現代」二〇〇八年十二月号）。この時代の金融市場に対して遂行的に関わったひとりの時代の加担者として、かれは十分に抑制的な態度を保持しており、同時にかれが関わってきた世界に対する責任を引き受けようという姿勢をも表明している。多くの経済学者による将来予測と、ソロスのこの立ち位置の違いには考察に値する重要な問題が隠されている。

わかるとは、事実の因果関係を知ることだけではなく、その因果に自分が果たした役割を認識することだ。進行している現実は私たちの関わり方によって刻々と変貌し、私たちもまた時間の制約の中で変化してゆく。

ソロスは、それを「再帰性」という言葉で表現している。「世界」は私たちの外部に聳《そび》えるシステムであり、それが私たちの生き方を決定しているという考え方も、私たちが「世界」のシステムの主人公であるという人間中心主義的な考え方も、私たちと「世界」の関係を正しく言い表してはいないと言う。ソロスの言い分に、説得力があるのは、かれがこの認識を頭の中で組み立てたのではなく、自らのイングランド銀行とのポンドをめぐる攻防や、アジア通貨危機の原因を作ったアジア通貨の売り浴びせなどの体験から導き出した実感だからだろう。ことの善悪、規模の大小ということとは別に、私たちは自らの「世界」に果たした役割と、「世界」が私たちに与えてきた影響の関係についてどれだけ頓着してきただろうか。

私が本書で試みたいのは現代史の編纂作業ではない。もっとずっと個人的なことである。経済成長神話に支えられ、新自由主義といわれる経済政策が推進された時代というものが何であったのかについて、私が自分をどこに位置づけ、どのような思いを抱いてきたのかについて記すことで、この時代の「内的な必然」というものが浮かび上がるかもしれない。

お前の自己言及になど、興味はない。知りたいのは金融バブル崩壊の原因はどこにあり、この先俺たちの生活はどうなるのかということだと言われるかもしれない。しかし、原因があって結果があるというような因果をどれだけ探ってみたところで、それは事実の報告書以上の意味を持ち得ないと私は思う。

例えばメディアは次のように報じていたと思う。経済格差が拡大し、行き場を失った焦燥感が「秋葉原無差別殺傷通り魔事件」を起こした。確かにそれは、事実の説明にはなっているが、何故こんなことが性懲りもなく繰り返され、そしてすぐに忘れ去られてしまうのかについては、納得のいく理解には届かない。

格差の拡大は、この間に起きた「事件」の原因ではなく、なんらかのよく見えない必然が準備してきた結果なのであり、「事件」は同じ下絵から生まれたもうひとつの結果に過ぎない。経済的な「事件」についても同じことが言えると思う。

私たちはなんらかのよく見えない必然について、もう少し注意を払うべきであり、意識的であってもよい。

むしろこう問うべきだろう。何故私は「秋葉原無差別殺傷通り魔事件」の被害者でなく、加害者でなかったのか。何故私は怪しげな住宅ローンの借り手でなく、証券化商品の売り手でなかったのか。

私の言う「内的な必然」を考えることとは、私たち社会のメンバー全体がそれぞれの意図がどうであれ、これらの「事件」にどこかで加担してきたことを確認する作業になるはずである。

もし、これらの「事件」が私たちと無関係に、特殊な人間によって引き起こされたとか、特殊な時代状況のせいで突発的に起きたのだと考えたとすれば、加害者の性格分析や、経済成長に伴う社会矛盾を糾弾することで「事件」は終結し、やがては忘れ去られていくことになるだろう。忘れ去るということは、同じことをまた繰り返すということでもある。まさに、二度目は喜劇として。

退化に生きる、我ら

講談話の名作『井戸の茶碗』には、買い取った古物の台座に仕込まれた金子《きんす》を、元の持ち主に返すべきだという若侍と、いったん売ったものはそこから何が出ようと引き取るわけにはいかないという貧乏侍の意地の張り合いが描かれている。その中で何度か繰り返される台詞が「金で金が買えるはずがない」というものであった。

レバレッジ金融が、実体の経済を数十倍も凌駕《りょうが》する資金を動かした過去十年間は、まさに「金で金を買う」時代だったといえるかもしれない。その巨大なマネーの移動は、生活の中に生きる人間の金銭感覚をはるかに追い越して、文字通り地球上（グローバル）に駆け巡ったのである。

私たちの生活を追い越していったものは、ヘッジファンドの金だけではない。猛スピードで疾走する自動車、夏を冬に変えるエアコン、ジャンクメールに埋もれたインターネット回線、大量に廃棄される食料品など、いたるところで文明の過剰が私たちを追い越す光景が見られるようになった。秋葉原事件も食品偽装も貧富格差もその光景を構成する場面のひとつであるだろう。

戦後の日本は、総体としては確かに経済発展を果たし、民主主義を発展させ、科学技術の進歩によって生活の利便性を大きく向上させてきたが、獲得したものと同じだけ、私たちの中で失われたものがあったはずである。自動車の発明と発達が、確実に人間の野性の脚力を萎《な》えさせたように、富と利便性の追求と達成が私たちの精神と肉体の根源的な部分を萎えさせる。私たちの誰も、「金で金が買えるわけがないじゃないか」とは言わなくなった。

科学技術と経済の急速な発展の下であっても、生きている人間は簡単には変われないものだ。その光景を相対化するならば、過剰な時代に取り残されてゆく人間は退化しているかのように映ずる。

私たちは経済成長が人間の社会の繁栄と進歩につながると信じて、競争を続けてきた。しかし、その努力を続ける中で私たちの社会は少しでも進歩したといえるのだろうか。むしろ、退化したものを直視することを避けるために、ラットレースのような競争を続けてきたのではなかったのか。

私たちはずっと、進歩を生きてきたと思ってきた。しかし本当は退化を生きてきたのかもしれない。

私たちは、ひたすら時代の進化を求めながら、退化を生きていると考えてみる。それで何かが解決されるわけではないけれど、経済成長が成し遂げたものが何であり、何でなかったのかを考えるとき、成長の光景から目を転じて、退化の光景を眺めなおしてみる価値はあるだろうと、私は思うのである。

第一章　経済成長という神話の終焉

リーマンの破綻、擬制の終焉

最初から信用などなかった

激動する世界。確かにそういうことらしいのだが、世界はどこからどこへ動いていこうとしているのか。その起点は必ずしも明確ではないし（というのは今がどんな時代なのかについて、渦中に生きているものにはその輪郭は見えないという意味だが）、終点となればほとんど五里霧中といったところである。

確かなことは、世界が変わろうとしているということだけである。いや、世界はつねに変転しており、それが歴史として抽出される。歴史として抽出されるとは、意味が与えられ、正史として登録されるということである。変転には紛争や、飢饉といったものもあれば、誰もそれと気がつかないうちにすっかり風景が変わっているといったこともあるだろう。

二〇〇八年に起きたことを称して、誰かが百年に一度の事態なのだと言った。百年に一度の出来事とは、単なる変転ということではないだろう。これまでの全ての価値観を覆すほどの何かが含まれていなければこれほど大げさな表現を用いることはない。

二〇〇〇年代のアメリカは、強固な覇権を維持し、金融技術を駆使した経済政策の「恩恵」を受けて、未曾有の経済成長を成し遂げようとしていたのである。いったんは人間の歴史の到達点として正史に登録されかけた資本主義の最終形態の意味が、このたびの金融危機を経ることで、書き換えられるかもしれない。それはまず、予感として顕れ、次に企業の破綻として顕在化し、さらに世界の同時的な不況というかたちで世界を覆ったのである。

もう一度辿りなおしてみよう。二〇〇八年九月十五日、アメリカ証券会社最大手のリーマン・ブラザーズが、チャプターイレブン（民事再生法）の適用を申請したというニュースが飛び込んできた。テレビも新聞も大騒ぎである。私の最初の感想は、だからなんだ、というものであった。荒っぽい言い方を承知で言えば、金で金を売り買いして肥えてきた会社が、金で躓《つまず》き、金に行き詰ったという話じゃないかと。

もちろん、世界は混乱するだろう。一般消費者も、景気の後退の影響を受けるだろう。だが、この混乱は、モノやサービスを媒介しない欲得と欲得の交換が巨大過ぎるビジネスになったときに、すでにはじまっていたと思うべきなのだ。しかし、多くの政治家も金融マンも一般の大衆も、米国が牽引する金融ビジネスがこれから先も世界の経済を支配し続けると思っていた。

暫定的な結論を申し上げるなら、このたびの米国経済の破綻は信用の収縮と呼ぶべきものではなく、行き過ぎたお金への信仰が作り上げたシステムが、欲望が再生産を繰り返して作り上げた幻影に過ぎなかったということである。最初から信用というようなものはなかったのである。むしろ、経済的な繁栄を謳歌したい、その切り札こそが金融ビジネスであるという信仰だけが肥大していったのだと言うべきかもしれない。信仰は、幻影には実体がないとわかった瞬間に一気にしぼむ。

アメリカ社会の致命的な歪み

何度かアメリカを往復し、仕事場をつくり、その社会を見てきた印象を言えば、この社会はその作り方の根本のところでどこか間違ったものを含んでおり、そのほころびは目に見える形で、いずれもっとはっきりとした無残な輪郭をあらわすだろうということだった。奇妙なようだが、私にはその確信があった。もちろん確たる根拠があるわけでもなく、漠然とした確信ではあったが、世界をリードし、成功モデルを自他共に認めていたアメリカの社会には、致命的な歪みがあると感じていたのである。

日本語で小説を書くアメリカ人作家リービ英雄は、その歪みを「家と家の間の距離が大きすぎる」という意外な感慨で綴っている(『千々にくだけて』講談社、二〇〇五年)。

セプテンバー・イレブンの惨事を日本とアメリカの「あいだ」、つまりはアメリカでもなく、日本でもない「場所」で考えた感受性の強い作家の、この読み過ごしてしまいそうなさり気ない評言に、私は思わず立ち止まってしまった。というのは、数年前に北カリフォルニアの街で朝の散歩をしていて、私もまたこの家と家の距離について、これは何か不自然なものを含んでいると思ったからである。アメリカという国家がヒューマンスケールを無視して作られたフィクションであり、その象徴がこの「距離」なのだと感じていたのかもしれない。

私(たち)が、一九九九年にシリコンバレーに小さな会社を作った当時は、アメリカはITバブルに沸いていた。サンノゼの非営利団体が運営しているインキュベーション・オフィスで行われた事務所開きのパーティーには、現地からも日本からも、多くのビジネスマンや投資家が祝福に集まってきた。ビルのフロアをいくつもの小部屋に分割して貸し与えていたこのオフィスでは、世界中から集まったベンチャー起業家が、夜中までソフトウエア開発に没頭し、本国との通信に奔走していたのである。

ところが、ミレニアムを挟んでITバブルがはじけると、文字どおり櫛の歯が抜けるように、ひとりまたひとりと、人がいなくなり空き部屋が目立つようになっていった。何周年目かのパーティーに集まった人たちの多くは、職探しのためにパーティーを渡り歩いていた「失業者」であった。

私の印象をひとことで言うなら、この国には「基底」がないということであった。「基底」とは、ひとつの社会が長い歴史のなかで培ってきた、人間が生きていくための温床のようなものだと思ってもらいたい。今風に言うならセイフティーネットということになるのだろうが、そのような制度としての「温床」ではなく、どんな生きものも自分たちの種としての生存を確保するためにそれを作り、それを作りえたがゆえに種を存続させていられるという生態系の保存機能といったほうがいいかもしれない。

窓から隣の家族の声が聞こえる。街角で行き交う人々は、お互いの生活を知っている。共同浴場があり、日々の食料を賄う市場がある。それらは、ときに鬱陶しく、非効率であり、因習が支配する、くすんだ社会の光景である。しかし、それゆえに互いの協力や、援助、他者に対する配慮が生まれてくるなつかしい光景でもある。誰もがいくぶんかは「そこ」から脱したいと望んでいた。そして、手に入れた新しい社会は、家と家の間の広すぎる空間や、高すぎる塀、広すぎる道路によって、共同体的なつながりが分断され、人間の生態と乖離したモダンな都市であった。そのように私には思えたのである。

自然を切り裂いて走り抜けるハイウエイと、ハイウエイの沿道にある空っぽな町の景観。巨大すぎるショッピングモール。レストランで供される大きすぎるローストビーフ。自分たち家族だけのためのプールのついた家。町の至るところに見出された人種差別と経済格差の痕跡。過剰と空疎のアンバランスが作り上げている風景。そのどれもが、人間が種として生きていくには過剰であり、その分だけ寂しい人々を輩出している。

それでも、この国の人々は、ここが文明の最先端の場所であり、世界の他のどんな国よりも消費を謳歌し、世界の秩序の守護者であると思い込んでいる。この信仰を支えるためにアメリカという「理想国家」が必要としたものは、自らを正当化する擬制であった。

アメリカの「正義」

無理な戦争を仕掛けようが、世界の富を簒奪《さんだつ》するシステムを遂行しようが、政治的・経済的覇権を正当化し、維持するためにはひとつの擬制（フィクション）が必要だったということかもしれない。アメリカの正義は、世界の正義であり、人類の利益に資するものだという擬制がそれである。

かれらがその擬制を補完するために掲げた、自由も、チャンスも、平和もまさにその社会の根本に、原理的に欠けているがゆえに、その欠落を隠蔽するために設《しつら》えられた「正義」のように見える。「フェミニズム」は女性蔑視の裏返しであり、「自由」とはまさに先住民の犠牲の上に築かれた征服者を正当化する方便であり、「チャンス」は社会の下層に充満する不満をなだめるために設えられた決して実現しない夢（ドリーム）を指し示すサインのようであった。

擬制の仕上げは、金こそが世界を支配する万能のパワーであり、人は金によって幸福を得ることができるという信憑であった。アメリカン・ドリームとは、一夜にして大金持ちになるということであり、アメリカとは、そのチャンスを平等に分け与える、世界でもっとも開かれた場所であるという信憑がそれである。

もちろん、私はそういった擬制の上に市民社会というものが形成されることを否定はしない。多かれ少なかれ社会というものは、ひとつの擬制の上でしか運営してゆくことはできないからだ。デモクラシーもひとつの擬制であり、自由主義もまたひとつの擬制だろう。完全に民主的な国家も、真に自由を享受できる国家も現実には存在していない。共同体を統合してゆくためには、どこかにそのメンバーが共有できる信憑の対象が必要であり、それは擬制という形式を取らざるを得ない。

人間は誰もが自分の欲得を求めて行動してよい。それが、社会を発展させる原動力になる。秩序は市場が作り出す。だから、人々は貪欲に欲望を解放してよい。お金はパワーである。人間がひとりで生きてゆくにはパワーが必要である。そう思うのはいい（私もそう思っている)。

だが、同時にお金が行使できるパワーはきわめて限定的なものであり、それを万能だと思うことで得ることと失うことを、すこし長い時間の中で比較考量してみる必要があるだろう。擬制は、自らそれが擬制であることを知り、もっと控えめであるべきなのだ。

しかし、過去十年間の経済発展は、アメリカを謙虚であるよりは尊大であり続ける方へ傾けていった。自ら掲げた正義を維持してゆくためには、より多く簒奪し、より多く消費する以外には方法がなかった。自由な市場競争による経済発展が、その恩恵で世界の貧困を救済することができるというテーゼの前では、貧困救済のための財政出動も、共生のための施策も、ケインズの時代への後戻りにしか映じない。

最後まで残る難問

十年も前から、いやもっとずっと以前から、擬制でしかない価値を集団的に正義と読み替えたことによって、この擬制の崩壊ははじまっていたというべきだろう。ただ、この崩壊は、私が思っていたよりも速い速度で進行していたのだ。

サブプライム・ローンの破綻、住宅公庫・公社の破綻と政府による救済、このたびのリーマン倒産と、メリル・リンチの経営破綻と買収、この一連の出来事を、日本の不良債権処理問題との対比で語る人がいる（それも、アメリカは「日本と違って」処理が迅速なので日本の不良債権処理にかかった期間よりも、早く解決に向かうという文脈で）。

こういった方々のお見立ては、まったくのお門違い、頓珍漢だというべきだろう。経済評論家や投資銀行家的には（十把ひとからげでもうしわけないけど）、この問題は、バブルの崩壊、信用の収縮、金融システムの調整の問題に見えるのかもしれない。バブル生成のプロセスと、その破裂と再生の金融プロセスだけ見ていれば、このたびのアメリカ経済の混乱は、日本が経験した土地バブルの崩壊と、そこからの再建までのプロセスのアメリカ版の焼き直しに見えるかもしれない。かれらは金融システムが作り出した世界観の中でものを見、金融システムのタームで考えているので、（たぶん）自らが立っている地盤そのものの脆弱性について思考のリーチが届かない。

このたびのリーマンの破綻は、ドメスティックな経済システムの不調という性格のものではない。金利操作や、財政出動といった金融テクニックによって切り抜けられるものとは、本質的に異なる地殻変動が起きている。

リーマン・ブラザーズや、メリル・リンチという会社は、日本における山一證券や、長銀とは、同じ金融ビジネスであっても、意味合いも、役割もまったく異なっている。金融ビジネスは、アメリカ・システムそのものを支えた覇権システムの中核であり、アメリカが世界に振りまいた労働価値観や、経済価値観を象徴する存在なのである。山一や長銀のような、いち金融セクションではない。換言すれば、政治と経済における、大戦後の覇権国家が、世界に押し付けてきた経済成長、環境、民主主義という価値観そのものが、もともと無理筋であり、もたなくなったことのあらわれだと見るべきだろう。

もちろん、経済成長はできるに越したことはないし、環境は守られてしかるべきだし、民主主義はいまのところ最善とはいわぬまでも、ベターな政治体制である。しかし、そのどれもが、金を積み上げれば手に入るというようなものではない。

そしてまず、金融システムが崩壊した。世界の経済システムは混乱するだろう。この危機を回避するために何ができるだろうか。イギリスの銀行家がいみじくも言ったように「銀行は、預金者にサービスする商業銀行へ戻るべき」なのである。そして、ビジネスはビジネスの本義へと戻るべきだろう。

誰でも後戻りは、好んで行おうとはしない。しかし、傷んでいるのがシステムそのものであるならば、その文脈を替えるしかない。過剰なものは、その余沢で世界を潤すといった価値観自体を変更するしかないのである。

果たして、消費資本主義に浸かりきった現代人は、その価値観を変更することができるのだろうか。たぶん、価値観を変えることも、生活を変えることもおそろしく難しいだろう。誰もが、本心からそのように思わなければ、何も変わらないからである。しかし、おそらく、今回の危機の処理の最初に考えなければならないのは、このことであり、最後まで難問として残るのもこの問題なのだと私は思う。

宵越しの金は持たない——思想の立ち位置

何が実体で、何が幻想か

このたびの金融崩壊に関して、すこし別の角度から論じてみたい。というのは、昨日まで規制なき市場経済と金融こそ経済成長を維持し世界経済を牽引する叡智であり、その技術に乗り遅れてはならないと言っていた人々が、これは詐欺のような金融ブローカーの仕業であり、あるいは天災にでも遭ったかのように自らの損失を嘆いている風景を見ていて、私は失笑する以外になかったからである。

一体この人たちはどのような思想的立ち位置にいるのだろうか。かれらは思想めかして、経済を専門用語で語っていたが、それは結局のところ、ただ起きていることがらに追従するだけの言説であり、同時に自らの欲得に忠実であっただけで経済思想と呼べるような代物ではなかったということである。

リーマン・ブラザーズを始めとする金融セクションの破綻に関して、数量的な世界で何が起こっているかは、国家的なそろばん勘定と、金融企業のそろばん勘定をはじいている人々がいずれその数値を公表することになるだろう（いや、数字はすでに発表されてはいる。しかし公表された数字は何を意味しているのか）。大雑把な損得以外のところで、何が起きたのかという本当のところは誰にも明確にはわかっていないし、これからもその実体はグレーのままだろう。

金融企業や自動車産業の救済、マネーサプライや金利の調整で制御できることは、短期的、対症的な処置だけである。もちろん、それはしないよりはしたほうがいいに決まっているのかもしれないが……。いや、ほんとうのところは何をどう対処するかについての処方が、何を参考にして導き出されたのかを誰も問題にしていないところが、問題だと私は思う。もし今が、言われているような百年に一度の地殻変動なのだとするならば、それへの対応策もまたここ数年のデフレ対策のようなものではないはずである。

もし、本質的な（というのは長期的なという意味だが）問題の解決を考えるならば（いや何が本質的な問題なのかを把握しようとするならば）、金融の世界で起こった問題を、金融のテクニックではなく、日々のリアルな生活の視点で点検することで、金融の世界の価値観が肥大化して、実体経済や市民生活の価値観まで浸食してしまった景観を、もう一度実体的なものと幻想的なものとに切り分けることから始める必要があると私は思う。

さもなければ、世界の「叡智」が作り上げてきたシステムが何故これほど脆《もろ》く、瞬く間に危機に瀕したのかということを理解することはできないだろう。

金融ビジネスは博打と同じ

信用も信憑も目に見えない幻想の世界に属する問題であり、欲望という魔物に憑依《ひょうい》された金融マネーの動きに関して言えば、通常説明される市場メカニズムとはまったく別の幻想の市場メカニズム（そんなものがあるとすればだが）で動いている。そこに、飯の種を発見したものがあり、国家的な戦略に組み込んで覇権維持を行おうとする人々がいるということを私は否定しているわけではない。ただ、ビジネスの要諦は、モノやサービスを生産し、それを媒介することで貨幣と信用を交換することだと考えるならば、金融ビジネスは、どんなに巨大なビジネスオフィスで行われようが、スーツにネクタイの謹厳な勤め人が行おうが、博打の世界と見分けがつかないということである。

経済行為を博打に喩えるとはひどいじゃないかといわれるかもしれない。私は、モノやサービスという商品を媒介しないで、手銭を増やしたり、減らしたりする行為はすべて博打であるという意味で、この言葉を使っている。金融商品という言葉は確かにあるが、それらの証券はお金それ自体の変種なのであり、金融とはどこまで行っても、お金をお金（お金の変種）と直接交換する行為なのである。

誤解を避けるために繰り返すが、私はだからといって、博打だからそれがいけないとか、非倫理的であるとか言いたいわけではまったくない。ただ、博打をやるなら、「宵越しの金は持たない」ぐらいの覚悟が必要であり（それを横文字にすればハイリスク・ハイリターンということである）、全てを失ったからといって騒ぐぐらいなら、もともとプロが跋扈する賭場に出入りすべきではないということなのである。博打とは、騙し合いの世界であり、素人が覚悟なしで踏み込む世界ではないということである。

問題はこの玄人の世界に素人がなだれ込んで行ったということであり、同時に玄人だと思っていた連中が、素人同然の覚悟しかもっていなかったということである。それは個人でも国家でも同じことだ。自分が加担したルールが破綻したからといって泣き言を言う前にすることがある。それは、このルールを維持するのか、破棄して新しいルールを作り直すのかについて、もう一度真剣に考えてみるべきだということだ。

この十年間にどんなことがささやかれ、どんな価値観が瀰漫《びまん》していったのか。

「人間は誰もが自分の欲得を求めて行動してよい。それが、社会を発展させる原動力になる。秩序は市場が作り出す。だから、人々は貪欲に欲望を解放してよい。お金（経済発展）こそが人々を幸福にするパワーである」

これが、この間に喧伝され続けたスローガンである。このスローガンのもとに社会のルールが次々に変更されていった。経済成長こそ全ての病を癒すという擬制を国家レベルで信奉してきた。そう思うのはいい。確かにお金は世界に共通の、パワフルで透明なツールである。

だが、同時にお金が行使できるパワーはきわめて限定的なものであり、それを万能だと思うことは恥ずかしいことなのだという程度の恥辱の認識を、お金が重要であると考える同じ分だけ帯同すべきなのである。

私の言いたいことは、博打が不健全で危険だからそういったもののない、健全なビジネスの世界を取り戻すべきだということではない。おそらく、そうしたくとも博打的な金融ビジネスはなくなりはしない。

むしろ、賭場に出入りする素人の側が、時代に阿《あ》諛追従《ゆついしよう》することのない素人の価値観を取り戻すべきだということである。素人の価値観とは、端的に金よりも大切なことはいくらでもあり、同時に人は金で躓くものだという常識の上に作られているものである。

言い換えるなら、国家にも個人にも、規矩《きく》とか規範というべきものが必要だということである。何度も言うようだが、それは博打は違法だと言って国家が規制せよということを意味しないし、自ら危うきに近づかないという生活訓でもない。儲けようが失おうが、リスクは自分がまいた種であり、その儲けや損失など日々の生活の実感から見ればあぶくのようなものに過ぎないということを引き受けるということである（それこそが自己責任というものではないのか）。

規矩は、素人の側にも、プロの側にも必要なものなのである。

素人の哲学

新自由主義とか市場原理主義というものの危うさは、それらの思想が酷薄で、野蛮で、格差を生み出す元凶であるというところにあるのではない。それくらいのことは、このイデオロギーを後押しするものも、反対するものも端《はな》からわかっていたはずである。

人間が利己的な欲望を持っている限り、酷薄で野蛮なシステムはなくなりはしないし、不必要だということもできない。ただ、この思想を信奉する人間が、これを自由とか正義という風に読み替え、あるいは、自己の資産形成の延長上に、キャリアデザインのひとつとして効率的で、社会的なポジションに有利だとかいった理由だけで追従することを疑う声が聞こえなくなったことが問題なのである。

本当のプロであるならば、それが酷薄で野蛮なシステムであることを、口当たりのよい言葉になど置き換えたりはしない。酷薄で野蛮なシステムだからこそ人を惹き付けるのであり、毒物を取り扱うに専門家が必要なように、危ういシステムだからこそプロが自らの身体を張って闘争する意味があるのである。

翻って素人であるということは、自ら知悉《ちしつ》している日常的でありふれた生活の中に価値観を見出し、その価値観は玄人が跋扈する世界の価値観と等価であるということをよく知っているということだと私は思う。数千億円を右から左へ動かす仕事が与える社会的な意義や、興奮というものがどれほどの吸引力と強度を持っていようが、それとくらべて、明日の食卓や、隣近所との関係や、自身の生活上の困難について思い巡らすことの大切さはまったく見劣りするものではないと思えることである。それはほんとうは、ひとつの思想と言ってもよいものだと私には思えるのだが、明確な思想としてこの素人の哲学を言語化したものはほとんど見当たらない。その数少ない例外のひとりである吉本隆明は、『カール・マルクス』の中で次のように書いている。

知識について関与せず生き死にした市井の無数の人物よりも、知識に関与し、記述の歴史に登場したものは価値があり、またなみはずれて関与したものは、なみはずれて価値あるものであると幻想することも、人間にとって必然であるといえる。しかし、この種の認識はあくまでも幻想の領域に属している。幻想の領域から、現実の領域へとはせくだるとき、じつはこういった判断がなりたたないことがすぐにわかる。市井の片隅に生き死にした人物のほうが、判断の蓄積や、生涯にであったことの累積について、けっして単純でもなければ劣っているわけでもない。これは、じつはわたしたちがかんがえているよりもずっと怖ろしいことである。千年に一度しかあらわれない巨匠と、市井の片隅で生き死にする無数の大衆とのこの〈等しさ〉を、歴史はひとつの〈時代〉性として抽出する。（『吉本隆明全著作集12』勁草書房、一九六九年）

胸のすくような卓見が披瀝されていると思う。だが、私は、吉本隆明が信じた「大衆」が、いつの間にかどこにもいなくなってしまった風景を目にしている。この十年間、金融や投機の世界で起きた出来事を見ていると、玄人がその立ち位置をごまかし、素人が玄人のまね事をして虚勢をはっているという光景ばかりが目に付くのである。

素人がもう一度自らの立ち位置を踏みしめること、市井に生きることの意味を吟味すること以外には、壊れた社会というものを再構築してゆく即効薬もなければ、手短な処方もないと思う。

専門家ほど見誤ったアメリカ・システムの余命

なぜ専門家ほど見誤るのか？

いったい日本の経済学者、評論家、メディアは何を見ていたのだろうかと思う。すでに二〇〇七年にはアメリカの住宅ローン会社の破綻があり、イギリスでも大手住宅金融ノーザンロック銀行で取り付け騒ぎが発生していた。この時点でも多くの専門家は、レバレッジ金融システム全体がまもなく破綻し、世界経済が混乱することになるだろうとは予見できていなかった。

実際、新聞もテレビも、金融危機、アメリカ・システムの崩壊などということはほとんど何も報じてはいなかったし、むしろ日本は金融技術が未熟であり、いまなお規制撤廃や、合理化、民営化への施策が不十分であるといった論調が強かったように思う。

リーマン・ショック以後、メディアの論調は一変したが、現在行われている分析は「今思えば、あの時のローン会社の破綻は金融システム崩壊の前兆であった」といった類の、金融バブルが弾けて以後の、結果の後追いの分析のように見える。

私もまた、いずれアメリカ・システムはもたなくなると考えてはいたけれど、これほどドラスティックな金融崩壊が起こるとは思っていなかった。ただ、十年ほど前の段階であっても、レバレッジ金融や市場原理主義を背景に作り上げられた社会というものが、長くはもつまいという思いは素人目にも感じることができたのである。実際にブログや、拙著の中でもそのことを書いてきた。統計数字や理論分析を行う専門家よりも、素人の直感の方が正しかったということなのだろうか。もちろんそんな単純なことではないだろう。ただ、何故専門家ほど、事態を見誤ることがあるのかということに関しては、もう一度考えておく必要があるだろうと思う。

サブプライム・ローン破綻以後の米国は、一挙に投資銀行上位五社の投資業務が廃業に追い込まれ、株価は暴落し、ドルは下落を続けている。フランスの大統領サルコジは、「ドルはもはや基軸通貨ではない」と述べ、ドルの失墜とともに、米国そのものの覇権の失墜が目に見えるようになってきた。同時にかの国が先導した新自由主義と呼ばれた市場万能主義が、経済思想の場から退場しつつあるように見える。何しろ、アメリカの大手金融機関が軒並み国有化されているのである。金融システムだけではなく、資本主義そのものが危機に瀕しているといえるかもしれない。

この金融危機対策で、まず最初にアメリカ政府が行ったことは、金融機関の救済に国費を投ずるということで、これは十年前にかれらが批判し否定してきた日本の政官財護送船団方式そのものである。中国は開放改革路線が軌道に乗り世界の覇権を握ろうという勢いを示してはいるが、なお国内に民族問題、地域格差、貧富格差、官僚腐敗などの問題を抱えている。ブラジル、ロシア、インドも急速に近代化を進めてきたが、今回の不況の影響によってその成長に急ブレーキがかかるかもしれない。

世界は混沌としており、市場経済の守護者としてのアメリカは社会主義国のような金融の国営化に乗り出しているのだ。わずか数年前でさえ、専門家といわれる誰が今日の事態を予見していただろうか。

プロがはまる落とし穴

「世界が民主主義を発見し、政治的にはアメリカなしでやって行くすべを学びつつあるまさにその時、アメリカの方は、その民主主義的性格を失おうとしており、己が経済的に世界なしではやって行けないことを発見しつつある」と、エマニュエル・トッドが書いたのは二〇〇二年である（『帝国以後』石崎晴己訳、藤原書店、二〇〇三年）。

かれが『帝国以後』でアメリカ・システムの凋落《ちょうらく》を予見できたのは、当時のアメリカおよび世界の経済情勢の分析によってではなかった。かれは経済に関してはむしろ非専門家であり、もっぱら世界の人口動態や識字率の変化といったものの統計を読むことで、来るべき世界の流れを予見したのである。

経済指標や株価動向を仔細に検討することで、明日の経済の動向にあたりをつけることはできるのかもしれない。しかし、現下の経済システムそのものの考察を、その内部から、まさにその経済システムが作り出したデータによって分析したり予見したりすることは、原理的にできない。それは、政治システムに関して考察する際も同じである。

二〇〇七年四月に発表された日銀の「経済・物価情勢の展望」は、「二〇〇八年も生産・所得・支出の好循環メカニズムが維持されるもとで、息の長い拡大を続ける」と予想していたのである。その理由として「海外経済の拡大が続くことを背景に、輸出は増加を続けると予想される。米国経済は、足もとは住宅市場の調整が続いていることなどから減速しているが、先行きは安定成長へ軟着陸する可能性が高い」と述べていた。

実際には、このときすでにサブプライム・ローンの証券化商品に象徴されるような金融膨張が、実体経済との釣り合いの限度を超えて、破裂を待っていたわけである。証券会社の破綻はその象徴的な出来事であった。今となっては、軟着陸とは誰も言えまい。

上記の日銀の「展望」は、図らずも、経済の専門家においてさえ、いや、専門家であるがゆえに、きわめて近い将来のことさえ見誤ってしまうものだという証拠になっている。私は、日銀エリートというエスタブリッシュ中のエスタブリッシュが、近未来の動向を見誤ったことを責めるためにこんな例を持ち出したわけではない。金融機関のアナリストも、経済学者も、そのほとんどが見誤っていたのである。

ただ、私が知る少数の素人は、アメリカの覇権の衰退と、市場主義がもたないことを直感していたように思う。何故素人が見抜いた事実を、専門家は見誤るのか。それには理由があり、その理由を検証することなしに、このたびの危機もまた本質的な解決に至ることはないだろうと思う。

では、その専門家が見誤る理由とは何か。ひとことで言えば、経済の専門家は、時の経済の枠組みが作った言葉で考え、その枠組みの価値観で判断しているからだということになる。

プロ＝専門家というものがしばしば陥るピットフォールは、素人が知らない裏事情に通じているといったことや、一次資料や現場にあたってきたという経験の蓄積は、事実を説明するためには有効であるが、状況の判断や、将来に対する推論に対しては、素人に卓越していることをなんら意味していないということに対する自覚の欠如である。

専門性と判断力はほとんど、無関係だと思ったほうがよい。このたびの金融パニックは、まさに専門家が依拠している経済の枠組みそのものが瓦解しつつあるということなのだ。レバレッジとかデリバティブといった金融ジャーゴン（専門用語）は、それらの用語が作り上げた経済の枠組みの外では何の処方も与えてくれないジャンクでしかないのである。

ビギナーズラックはまったくの偶然か

競馬の世界にビギナーズラックという言葉がある。はじめて競馬場に行き、パドックで競走馬と対面し、馬の顔色や、自分の直感、数字の好みで馬券を買う素人が、しばしば当たり馬券を勝ち取ることを言う。このことは、二つの教訓を私たちに与えてくれる。

ひとつは、どんな専門家でも不確定要素の多い将来についての完璧な予見などできないという常識的な真理である。もうひとつは、統計学的な情報というものが有効に働くのは、統計学的な条件の内側だけであり、その外側では統計学的情報を使用すればするほど期待値とかけ離れた結果を生み出すことがあるということである。これだけでは何のことかよくわからないと言われるかも知れない。もう少し突っ込んで考えてみよう。

ビギナーズラックで、めでたく勝ち馬券を手にしたビギナーは、次回も同じように自分の直感を信じて馬券を買う。しかし、今度はほとんど外れることになる。かれは、前回の成功体験を一つの情報として使って、今回の勝負をしたのであるが、今回は対戦相手も違えば、馬場状態も、騎手の戦略も違うので外れて当然だったのである。

では、前回当たったのは偶然であったのか。もちろんそういう場合もあるだろうが、私は必ずしも偶然だけがビギナーズラックを作り出したとは言えないのではないかと思う。

かれは、初めてだった前回のレースでは自分の直感だけを信じて馬券を買ったと思っているかもしれないが、それまでの自分の人生経験や、動物が持っている微細な好不調のサイン、勝負というものを支配する空気、馬と騎手との相性の気配など、自らの体感や、目に映ずる情報のすべてを総動員して馬券を買ったはずである。

二回目は、一回目の成功体験があったために、この馬はどのような特徴を持っており、騎手はどれほどの実績を有しているのかなどの情報を手にしている。しかも、一度起きたことは、二度目も起きて欲しいという願望も強く働いている。つまり、二回目のかれは見るべきものを見ず、データ予測と願望によって馬券を買ったのである。

そして、二回目は一回目とはまったく異なる結果を得ることになる。さて、そこでかれはどう考えるだろうか。ほとんどの場合がそうであると思うのだが、かれはデータ予測と自らの願望が、結果を過《あやま》たせるバイアスになったとは考えず、情報が不足していたので正確な判断ができなかったと考えるのである。そして馬の血統や、戦歴、試走でのタイム、トラックマンの見解といったものを参考にするようになる。

ここまでくると、かれはほとんど競馬予想の専門家予備軍である。そして、大きな勝負に出る。結果は? 世の多くの競馬ファンの損得勘定をしてみれば、それは明らかだろう。導き出される結論はきわめて単純なものである。いわく、勝負に絶対はない。競馬は複雑系なのだ。思ったとおりにならないから競馬は面白い。

分析家には自らの願望が見えない

閑話休題。もう一度最初の教訓に戻ってみたいと思う。「統計学的な情報というものが有効に働くのは、統計学的な条件の内側だけであり、その外側では統計学的情報を使用すればするほど期待値とかけ離れた結果を生み出す」という教訓である。

このことが意味するのは、統計学的な数値があてにならないということではない。統計学的な数値に頼った分だけ、統計にできない重要なファクターを見落とす可能性が増大したということである。理論に従って考えた分だけ、理論化できないランダムな兆候については目をつぶる結果になったのだ。

いや、もっと重要なことは、統計数字とはしばしば、あらかじめ結論が出ている事象を説明するために、その説明を補強しうるデータとして使われるということである。数字はいつも過去に属している。将来のトレンドを説明するために、過去の統計データは確かに有力な指標のひとつになりうるだろうが、この場合でもあらかじめ推論されたトレンドから外れる統計データが他にいくらでもありうる可能性については、無意識的に見落とすのである。その無意識とは、おそらくはこうなってほしいという分析家の願望である。分析家には、自らの願望は見えないのだ。

私は、自分たちの思考というものについて、もう一度考え直してみる必要があると思う。現実を見て、自分で判断していると思っているが、ほとんどの場合現実のモデルを見せられて、専門家が分析したモデルに従って考えている場合が多い。

競馬のようなギャンブルに関して言えば、「賭け事で儲けた奴はいない」「飲む、打つ、買うでは身上を潰す」という祖父や祖母からの教えの方が常に正しいのである。それこそ失敗の山を築いてきた経験の膨大な堆積が言わせた言葉だからである。

では、お前は賭け事をやらないのかと問われれば、いや多分やり続けるだろうと答える他はない。人間とは、間違えているとわかっていても、それを避けて通れない根性をどこかに持った生きものだからだ。

経済はギャンブルではないと言われるであろう。だが、経済発展というモデルを期待し、金儲けをしたいと思っている自分というものがいかに厄介な存在であるのか、それが将来を見る目をどれだけ歪ませているのかということを勘定に入れていない理論というものを、おいそれと信じるわけにはいかないのである。

経済成長という病

なぜ経済成長が唯一の目標になるのか

ほとんどあらゆる問題に対する答えが「さらなる経済成長」なのだ。失業率が高まっている――雇用を創出できるのは経済成長だけだ。学校や病院の予算が足りない――経済成長で予算は増額できる。環境保護がふじゅうぶんだ――経済成長で解決できる。貧困が広がってきている――経済成長によって貧しい人々は救われる。収入の分配が不公平だ——経済成長でみんなが豊かになれる。何十年にもわたって、経済成長は過去の世代が夢に見ることしかできなかった可能性を実現するための鍵なのだといわれつづけてきた。（クライヴ・ハミルトン『経済成長神話からの脱却』嶋田洋一訳、アスペクト、二〇〇四年）

経済成長それ自体は、良いも悪いもない。文明化が進み、都市化が進み、消費生活が活発になれば総需要は拡大し、生産もそれにつれて拡大して経済は成長する。もし、問題があるとすれば、それは社会の発展プロセスは均一ではなく、まだら模様であり、発展の進《しん》捗《ちょく》は地域によって大きな差があるということである。

そもそも経済成長とは、何を意味しているのか。話をわかりやすくするために実質国民総生産の増加を経済成長だと定義してみる。要するに市場に供給する生産物、サービスの増加が経済成長だと考えてみる。文明化が一定の水準に達し、消費者の手元に必需品としての生産物がいき届いた時点で、需要は原則としては買い替えのための消費だけになるので、経済は成長することを止めて均衡へと向かう。もし、この段階で人口減少が起これば総需要はさらに減少することになり、経済成長はマイナスの局面に入ることになる。簡単な算術である。

しかし、何故か現実の世の中では、与党の政治家も野党の政治家も、企業家も、経済学者も、メディアも、一般の人々も「経済は成長しなければならない」という観念に支配され続けている。小泉政権下のスローガンは、「改革なくして成長なし」というものであった。

二〇〇八年の米国大使館のホームページには、米国国際開発庁長官ヘンリエッタ・フォアの次のようなアナウンスメントを掲載していた。「経済成長は、私たちが推進している分野です。なぜなら、経済成長はほかのすべての活動の基礎であり、貧困の低減の主な原動力になるからです。経済が成長すれば、人々が教育や医療の費用を負担することができ、自らや家族が当事者意識と安定感を感じられる活動にかかわることができます」。

また、OECDの広報誌「オブザーバー」は、「全体として、ゼロ成長シナリオはすべてに不利に作用する。特に開発途上諸国では失業と環境の悪化が広範囲に広がるだろう」と述べている(一九九九年夏号掲載論文「経済成長は人口問題を解決するか?」)。

かくして、経済対策も、医療政策も、教育方針も、人口対策も、経済を持続的に成長させるという前提のもとに設計され、施行される。経済成長は、人間の社会が達成しなければならないほとんど唯一の目標となる。ほんとうは、経済が成長するか鈍化するかは人間の社会の様々な要因が生み出す結果であり、成長への期待はただの願望であり、妄信に過ぎないとしてもである。

しかし、何故か経済がマイナス成長するという前提は、禁忌とでもいうように遠ざけられ、よくとも見て見ぬ振りをされてきたのである。

経験という名のバイアス

何故、私たちは経済成長という神話から自由になれないのだろうか。

その理由はいくつか考えられるだろうが、世界中の国家という国家は、一時的な移行的混乱はあるにせよ、文明化、都市化、民主主義化といった歴史を辿っており、いまだ明確な衰退局面といったものを経験していないということがあるだろうと思う。

「軍人はいつも過去の戦争を戦っている」の喩えどおり、私たちの思考の基底には、すでに経験済みの事象が共同的な記憶として堆積しており、私たちはその既知の堆積物をさまざまに組み替えながら現在の世界観というものを無意識的に構成してしまうのである。私たちは、私たちとその祖先がまったく経験したことのない、未知の事象に関しては、ほとんどうまくイメージすることができない。

ほんとうは、イメージできないということと、それが私たちの上に到来しないかどうかということとはまったく関係がないにもかかわらず、私たちはその未知の可能性を勘定に入れて思考することができない。

『大地動乱の時代――地震学者は警告する』(石橋克彦著、岩波新書、一九九四年)によると、日露戦争終結の一九〇五年、東京帝国大学教授の今村明恒は、雑誌『太陽』九月号に東京に五十年以内に大地震が発生する可能性があるとの論文を発表し、その中で地震防災の必要性を訴えたそうである。論文には、火災の発生による死者は十万人以上におよび、それを防ぐために石油灯を全廃し、電気灯に替えるべきだとまで具体的に述べられている。

この論文は反響を呼ぶが、曲折を経た後に、地震説は根拠のないデマだということになり、事実上封殺されてしまう。この今村論文が、どの程度の科学的根拠に基づいて書かれていたのかに関しては、読んでいないのでわからない。だが、ほんとうの問題はそこにあるのではない。いったんはこの論文がパニックを引き起こし、マスコミもそれを煽ったが、一般の市民も、政府のしかるべき担当者も、この論文が示した地震の可能性とその対処に関して冷静に対応し、必要な準備をするということはなかった。そして、一九二三年の九月一日に、実際に関東大震災が起こり、十四万人以上の死者・行方不明者を出したのである。

地震は、当然のことながらそれ以前にも一定の周期で、日本各地に大きな被害をもたらしていた。だから将来のどこかで、必ず大きな地震災害に見舞われるだろうという可能性については、誰もが考えていたはずである。問題はそれがいつ起こるかであって、起こるか起こらないかということではなかったはずである。

しかし、誰もがそれが自分の身に及ぶ差し迫った危機であるとは考えず、やがて起こらないだろうという確信を導き出すに至る。その理由のひとつは、人間は多かれ少なかれ、その思考の型というものを、自分の生きてきた時間の中で体験した出来事の枠内で作り上げており、今日の時間は同じように明日も続くだろうという惰性的な予見に支配されているからである。つまり、人間というものは必ず、慣れ親しんだ思考の惰性に囚われており、自らが経験してきたことが思考のバイアスになるということが見えないのである。さらには、地震など起きてほしくはないという願望がこの経験のバイアスを確信に変えてしまう。

「何が何でも経済成長」の呪縛

経済成長の鈍化、減少というものも、大地震や洪水といった天災の場合に似ていると考えた方がよいのかもしれない。というのは、経済成長を阻害することになる飽食した市場や、人口動態というものは、人為的にコントロールしうる目標物ではなく、社会が成長し、成熟し、やがて老化してゆくプロセスの中で露呈してくる社会的な現象の断面であり、結果であると考えた方が自然だからである。

本書の他の部分でも触れることになるが、世界中のイスラム圏地域の人口動態を調査した、エマニュエル・トッドらの人口学者によれば、地域ごとの民主化の進展と識字率の上昇によって女性の社会進出が旺盛になり、同時に出生率が低下してくることが指摘されている。つまり、社会の発展と人口減少は密接な相関関係にあるということである。にもかかわらず、人口が減少すれば、総生産力も総需要も減退する、だから人口を増やさなければならない、人口を増やすためには、何が何でも経済成長を維持し、社会不安を払拭してゆかなければならないというのは、まったく本末転倒した話ではないのか。

人口が減少する。経済が均衡する。これらは、原因ではなく結果である。すくなくともそのように考える余地を残しておくべきだろう。

もし、そうだとすれば、経済が右肩上がりを止めた後の社会の作り方というものを、冷静かつ具体的に考想しておくべきではないだろうか。私には理論的にも実感としてもそれが自然な考え方であると思われる。経済成長というものを至上の命題として、飽食した市場にさらなる商品を投入し続け、その結果として人々が過剰消費、過剰摂取に明け暮れる光景は滑稽を通り越して悲惨なものがある。

卑近な例を挙げるなら、世間にダイエットという言葉が流行しはじめたとき、すでに経済成長はその本来の動機を失いつつあると思うべきではないのか。

食料を必要以上に摂取し、肥え太って動けなくなり、何とかしなければならないと思ってスポーツジムに通い、ルームランナーで余分な水分を搾り取るというのは、どう見ても間尺に合わない行動である。しかし、自分がブロイラーのニワトリのような生活をしていてもやがてそれを奇妙だとは思わなくなる。より効果的なダイエット器具が開発され、新しい需要が喚起される。

こんなことが永遠に続くと考える方が不自然である。

経済成長そのものは、社会の発展プロセスのひとつの様相であり、おそらくは発展段階に起こる様々な問題を解決してゆくだろう。しかし、経済均衡もまた社会の発展プロセスのひとつの様相であるに違いない。その段階において無理やり経済成長を作り出さなければならないという呪縛から逃れられないことこそ、私たちの思考に取り憑いた病であると思うのである。

グローバル化に逆行するグローバリズム思想

トッドの未来予測

九〇年代以降、メディアを最も頻繁に賑わした言葉は、「グローバリゼーション」「グローバリズム」という言葉であることに異論はないだろう。ただ、この大げさな言葉が、ほんとうは何を意味しているのかということになると、答えはそれほど易しいものではない。

「何を言ってるのだ。グローバリゼーションは、グローバリゼーションじゃないか。インターネットの発達で、情報が国家の垣根を越えて一瞬のうちに世界に配信され、企業は一国の市場を超えて世界を一つの市場として活動できるようになった」

果たして、これがグローバリゼーション、あるいはグローバリズムの説明になっているのだろうか。私には、どこまでいってもグローバリゼーションはグローバリゼーションだと言っているに過ぎないように聞こえる。

評判になったエマニュエル・トッドの『帝国以後』や、その続編の『文明の接近』を読んでいると、どうやらかれは、世界はまだら模様ではあっても、全体的に民主化の方向へ向かっているのだと信じているようである。その理由として、国や地域ごとの、女性の識字化とそれに伴なう人口調節（人口減少）には、統計的な強い相関関係があり、人口減少は民主主義の発展段階の必然的な傾向であるという。文化の違いや、宗教の違いを超えて、地球上の国家の歴史は識字化の進展、人口の減少、民主主義の発展という方向へ向かっているということらしい。

私は、このトッドの仮説（収斂《しゅうれん》仮説）に関しては、たぶんそういうことなのだろうなと思う以外には、特段の知識も感想も持っていない。ただ、かれがこのひとつの仮説から、世界中の異なる地域の文明が接近していくに違いないという結論を導くまでの「思想家としての構え」には、少なからず共感と感動を覚えるのである。

トッドが行おうとしているのは、未来予測である。人間は過去の歴史でさえ、様々に解釈してきた。日本軍による南京での虐殺や、イラク戦争の原因といったことに関しての多様なというよりは、まったく正反対の解釈を見るまでもなく、死者の数や、紛争の原因といったファクト（事実）さえもが、それを見る立ち位置によって様々に変化しうる。そこに真実があるとすれば、人は必ず何らかのバイアスをもって事実というものを解釈してしまうものだということだけである。ほんとうは将来起こりうることなど誰も予測できない。ひとつの蓋然性《がいぜんせい》について語ることができるだけであり、その蓋然性とはいくつかある可能性のうちのひとつに過ぎない。

グローバリズムとグローバル化は違う

経済のグローバル化ということを考えるとき、このトッドの民主主義の発展プロセスのとらえ方が参考になる。民主主義の発展が、宗教や文化の違いを超えて世界中で進展していくのと同様に、グローバル化ということもまた政治システムや経済システム、人種や文化の違いを超えて進展してゆくに違いない。つまり、これは自然過程であるということである。

二〇〇〇年頃からだろうか。グローバリズムという言葉が経済界や、政治の世界で跋扈するようになる。グローバル化してゆくことが、経済の必然であるとするならば、ことさらグローバル化ということを強調する必要はない。水が低きに流れるように、経済は差異あるところに流れ込む。結果として地域間の差異は消失へと向かう。しかし、一国の経済の安定のためには、いや経済的な勝者である資本家にとっては、世界を低賃金の生産地と、その生産物の恩恵を受ける消費地に固定化しておいたほうが有利であり、それはどこかで、経済のグローバル化に歯止めをかけるということを意味している。

グローバリズムとグローバル化とは違うのである。グローバリズムの結果、世界がグローバル化してゆくのではない。世界がグローバル化するのは、民主主義の発展や、科学技術の発展を背景にした自然過程だが、グローバリズムはアメリカないしは、その随伴国が、世界の富を収奪し、貧富を固定化するための国家戦略だからである。

もちろん、グローバリズムには、次に述べるようなグローバル化の効果をそのまま引き写したような大義があるだろう。誰もが、自分の行っていることは時代のトレンドに沿っており、それに逆行することだとは思いたくはないからである。

グローバリズムの大義とは、先の大戦の原因のひとつと考えられる保護主義的な傾向を排し、産業の自由な競争を促進し、世界を同一の市場、同一のルールで運用することによって紛争や戦争のリスクを軽減し、同時に経済の発展を後押しすることになるというものである。

しかし、現実に起こっていることは、必ずしもこの大義に沿うようなものではない。市場の開放というよりは、市場の固定化であり、世界の分業化であり、富める者を強化し、貧者をさらに貧しく固定化する差別化である。多国籍企業は、市場を独占し、自由に廉価な労働力を調達することができるようになる。しかし、いまだ社会基盤の弱い地域に、強者と同一のルールを適用すれば、そこが強者の草刈場になることは避けられないだろう。

グローバリズムという無理筋

文化についても同じことが言える。その創成期に荒れ果てたグラウンドで始められた日本野球は、ローカルルールの中で育まれて、日本の国民的スポーツにまで発展し、ついにはワールド・ベースボール・クラシックという大会で世界一を獲得するまでに強くなった。当初ベースボールのルールを適用せよといわれたら、果たして日本野球はこれほど発展しただろうか。

アメリカの生徒たちが、「ほかの人間と違うようになれ」と教わるのとは対照的に、日本の生徒たちは、「ほかの人間との共通項を見つけろ」と指導される。アメリカでは民主主義の一環として、「自分の頭で考え、自分の意見を発表する」よう教わるが、日本では、「自分の意見を抑え、自分の興味を集団の興味に合わせる」よう導かれる。ようするに、個人主義者などは迷惑千万。相手が年長者であろうと構わずに、他人に自分の意見をやたらと押し付けるアメリカ人のような輩は、和を乱す不届き者として、皮肉なめで見られるのがオチなのだ。（ロバート・ホワイティング『世界野球革命』松井

みどり訳、ハヤカワ文庫、二〇〇七年)

日本の球界は、たとえて言えば「珍獣」である。こう言ってしまうのはあまりにも短絡的で、正確さに欠けるかもしれないが、一部日本市場のように閉鎖的だ。アメリカや台湾、韓国などの選手やコーチに、市場を開放しているとはいえ、一方で企業連合的要素によって、自由競争をおさえているフシがある。

日本人は野球というスポーツに、道徳概念、ビジネス経営、会社組織内の役割分担などを投影する。そのためプロ野球は、たんなる「給料を得るための仕事」と化している。日本の野球は、情熱と創造力を失ってしまった。——船橋洋一(同書。『アサヒ・イヴニング・ニューズ』の引用)

六〇年代から八〇年代までの日本野球は、日本文化を背景にした独特の団体競技として発展してきたのである。そこでは、何よりも「和の精神」が尊ばれ、野球は、ベースボールというよりは、野球道として様々な精神的教訓を引き出す日本ローカルな団体競技として発展してきた。

九〇年代に入り、そのスタートから国際基準を採用した日本プロサッカーは、この野球とは好対照の色合いを持っていた。そして、野球人気に翳りが見え始めたころ、野茂英雄がアメリカに「野球亡命」し、フリー・エージェント制度が始まり、次々と日本のトッププレイヤーが「本場」であるアメリカに渡ることになった。日本の野球が情熱と創造力を失ったのは、船橋氏が言うように、そこに日本的価値観を投影したからではない。逆である。中途半端に接木のようなアメリカ流のシステムを導入したので、情熱や価値観が分断されてしまったのだ。

日本人はこの素晴らしく面白いゲームを、自分たちがそれまで持っていた習慣や文化と融合させることで、「野球」を発見してきたのである。

一国の文化や産業が、他国へ流入していくとき、その国の文化や習慣と摩擦を起こし、やがてそれらに適応しながらローカルな形態へと形をかえながら発展してゆくのは、自然なことだろう。そうやって、異質なものが交わり、やがて両者に交流が始まり、お互いにその違いを吸収しながら均質化してゆく。グローバル化とは、この自然なプロセスの総体をいうのだろうと思う。異質な宗教、かけ離れた経済力の下においても、人々は自国の慣習や文化に適合させるようにして、民主主義を発見し、曲折を経ながらも世界が接近してゆく。

エマニュエル・トッドが人口動態や、識字率と出生率の相関のなかに見ているのは、このグローバル化という自然過程である。

八〇年代後半からアメリカが世界に押し付けてきた標準化、民主化、関税障壁の撤廃は、野球において見られたようなグローバル化とは、まさにその正反対の効果を世界にもたらすことになる。

まずローカルな慣習や文化を破壊し、同一のルールを強制するという形で行われた。そして、それが可能になるためには、ローカルな場所に同一ルールを待望し、支持する勢力(つまりはグローバリストといわれる人々)がいたのである。

国内は賛否両論に分断され、一時的な混乱に陥る。しかし、このグローバリズムという戦略とは無縁に、混乱の中から民主化へと進んでいくグローバル化の波は、草の根レベルでお互いの文化や習慣を結び付けていくことになる。

グローバル化とは非対称的な世界から、対称的であり、異質ではあっても等価的な世界へ向かう歴史の自然な流れであるといえる。逆にグローバリズムは、世界を非対称に固定化することで秩序と利益を得ようとする。

グローバル化の理想とは世界の均一化ではない。異質であっても等価である社会が、お互いに交わりながら、それぞれのやり方で発展してゆくということだろう。それが自然の流れというものである。歴史は必ずしも自然な流れに従うわけではないが、長いスパンの中では、無理筋は、必ずこの歴史の必然によって修正を余儀なくされることになる。

イスラムとは何でないかを証明する旅

「世界図」に対する「世界地」

アメリカの終焉を告知したエマニュエル・トッドの『帝国以後』は、世界中で大ベストセラーになった。そして、世界はまさにトッドが予言したように動き出した。かれが自ら続編として書いたのが『文明の接近』(石崎晴己訳、藤原書店、二〇〇八年)である。こちらはしかし前作ほどは売れなかったようである。続編とはいうものの、前作のような思想の切れ味もなければ、華麗ともいえるような修辞のエレガンスもないように見える。

しかし、読み進めるうちに私には、何故、トッドが本書を続編と呼び、書かねばならないと思ったのかを理解できたように思えた。本書においてトッドは、グローバリズムの行方を知る上で、誰も通らなかったルートから世界を俯瞰して、誰も指摘しなかった真実を発見したのである。

前作『帝国以後』において、エマニュエル・トッドはこれまで誰も思いつかなかったやり方でアメリカ・システムの凋落を予見し、来るべき世界像を描いて見せた。養老孟司氏は、それを「乱暴な仮説が導く明快な世界像」と評し、トッドは二重の逆転を予見したと述べている。二重の逆転とは、「先ず世界とアメリカ合衆国の間の経済的依存関係の逆転、そして民主主義の推進力が今後はユーラシアではプラス方向に向かい、アメリカではマイナス方向に向かうという逆転である」。養老さんならではの見事な要約であると思う。

トッドは『文明の接近』を前作の続編と位置づけているらしい。私には、当初その意味がよく飲み込めなかった。かれは、本書で何を証明したかったのか。読み進めていくうちに、ようやくトッドの意図がどこにあるのかが理解できたように思えた。前作は、確かに大胆な仮説に導かれた、明確な世界像の提示であった。しかし、それは仮説であって、仮説が自明の前提に変わるとは誰にも明言することはできない（たとえ、以後の歴史の事実が、トッドの予見どおりに進んだとしても、である）。

それが仮説であるという意味は、文明の進展とアメリカの凋落という世界像の「図」は示されてはいるが、「地」は描かれてはいないということである。つまり、それは部分的な解答であって、いくらでも例外的な事象は起こりうる余地を残している。「地」の絵柄が変われば、完成された作品は、まったく別のものに変容せざるを得ない。

『文明の接近』が照準しているのは、西側世界に流布しているイスラムの特殊性という蒙《もう》昧《まい》の正体を暴くことである。そして、かれが同書で試みたのは、前作で描いた世界像の背景を描いてみせるということでもある。「世界図」に対する「世界地」。これが、同書が前作の続編であることの意味だろう。

では、世界の「地」を描くとは、どういうことか。どのようにすれば、それは可能になるのか。そして、何故、トッドはこのような戦略を選んだのか。

未来予測の不可能性

新聞を開けば、毎日世界中のあらゆる場所で起こっている事件や紛争について知ることはできる。しかし、死傷者が何人で、自国の為替の動向がどうなっているかは知ることができても、その背景で、本当は何が起こっているのかについては、ほとんど何も知ることができない。

東アジアで起こった暴動と、アフリカの飢饉との間には、何の関係もないように見える。もし、こういった出来事が、世界のどこかで、お互いに何の関連もなく、生起しているのだということなら、将来もまた、世界のどこかで突発的にテロルや、革命や、暴動が起こるということになる。

しかし、もし世界の今を読み解き、明日の見立てをしようとするならば、世界中でバラバラに発生しているような事象について、それらが何らかの規則の上の出来事であることを証明するための補助線のようなものを発見する必要がある。世界の事件や紛争は、それ自体を見ていては、かえってこの補助線を隠蔽することになるかもしれない。ただし、これはそこに何らかの統一的な法則が確かにある、としての話である。

確かなことは、新聞やテレビが報ずる事件も紛争も、突発的に起きたわけではなく、そこに至る様々な要因の絡み合いやら、積み重ねというものが押し出した断面であるということだけである。難しさがあるとすれば、その要因と結果の関係は、必ずしも直線的な因果関係を構成しているわけではないということである。喩えて言えば、何が描かれているかは明瞭にわかるのだが、どんな意図で、どのように描かれたかについては見当がつかないような絵画を前にしているようなものである。

そこで、こう考えてみることにする。なにごとであれ、それが将来どうなるのかについて確定的に語ることなどできはしない。それは、世界が複雑にできているからだということではない。現在の世界を導いてきた原因と考えられるものを拾い出すことはできても、それが確かに原因であったと証明することが原理的にできないような世界に私たちが生き

ている からである。

事故であれ、紛争であれ、戦争であれ、それらに至るまでにはいくつかの相関する出来事が先行して起こったと述べることは可能である。しかし、どこまでいってもこれらの相関関係が、因果関係に変わりうることはない。ましてや、未来の出来事を予想するために参照すべき過去の事例を見出すことなどできるはずもない。ただ、人間というものは同じ過ちを繰り返すものだといった類の教訓を拾い出すことができるだけである。

語りえないことを語る方法

ややこしい話になってしまった。私は、自分がこれから語ろうとすることの前提を述べておきたかっただけである。なぜなら、私は、これから、その語りえないことを語ろうとする一冊の書物についての考察をしたいと思っているからだ。

人間の社会は、まだら模様に近代化へ向かって前進している。そして、この前進は、収斂に向かっている。これがトッドが最初に提示する仮説である。いや、前提といったほうがよいかもしれない。人口学においては、この収斂に至る人口推移は「標準理論」としてすでに、確立しているらしい。

しかし私は浅学にして、この統計的な知見に暗く、それがどれだけの確からしさをもっているのかよくわかっていない。それでも、エマニュエル・トッドが、この人口推移と、それに連関しているらしい識字率、家族形態、経済収入といったものが、先に述べた歴史の法則を発見するための補助線のようなものであると考えていることだけはよく納得できる。

もっと言うなら、トッドは、自ら掘り当てた補助線が、世界の事象のすべてに当てはまるわけではないかもしれないと吟味することを躊躇しない。その上で大変慎重かつ公平に論を進めており、こう考えるしかないだろうというところまで論を詰めてゆく。その推論には万人をして信用せしめるほどの説得力がある。

いきなり、信用などと書いたので訝《いぶか》る方もおありだろう。少なくとも『文明の接近』が照準しているのは、イスラム世界についての、ロジカルな解明であり、政治的なプロパガンダでもなければ、文学的な共感を求めているのでもないからである。それでも、私は同書が描き出した世界は、信憑に属するものであり、それは信ずるに足りるものであると考えるのである。以下、そのことについて補足しておきたいと思う。

イスラム教は、それがカバーしている地域や国家の人口動態に有意な影響を与えてはいない。これが、同書の中心をなす仮説であり、主題であり、同時に結論でもある。

ひとは、同じような歴史上の指標をつなぎ合わせてまったく正反対の結論を作り出すこともできる。イスラムは、反近代的なドグマであり、民主主義と相容れず、近代社会とは異なった価値観に牽引されており、世界と和解することはないというのが、それである。

どちらの説にも言い分はある。たぶん、どちらもいくぶんかは正しさを有しており、いくぶんかは独断が混じっているに違いない。要するに、この問題には確定的な唯一の解答など存在していないということである。私たちは、双方の言い分を注意深く聞き、どちらがより説得力のある話し方をしているかを嗅ぎわけることができるだけなのだ。

要因と結果との間の相関関係を決定付けるのはロジックの精度ではなく、信憑性の強度である他はない。私が信憑というのはそういう意味であり、語りえないことを語りうるには、どこかで信憑を味方に付ける必要がある。

不在証明

トッドは、前作『帝国以後』において、世界がイデオロギーや、経済指標で説明可能であると考えていた人々に、「そうではない」やり方というものを示した。私もまた一読して、文字通り目から鱗が落ちるという体験をしたひとりである。それは、アメリカが新自由主義こそが最終的な経済システムであり、もはや景気循環は存在しないと豪語しているときに、誰も考えなかったツールを使って、アメリカニズムが終焉するだろうという「見立て」をするものであったからである。

そのツールとは、すでに述べたように、各国の識字化の進展と、人口動態には強い相関関係があり、人口動態は民主主義の進展と深いつながりがあるという仮説である。そして、この仮説をもとに「世界が民主主義を発見し、政治的にはアメリカなしでやって行くすべを学びつつあるまさにその時、アメリカの方は、その民主主義的性格を失おうとしており、己が経済的に世界なしではやって行けないことを発見しつつある」という結論を導き出す。前作から四年半の時を経て、私たちは、自分たちを取り巻く環境がまさにトッドが見立てたように進行していることを知ることになる。

今回も、トッドは、同じツールを使う。問題の立て方はきわめて単純なものである。それは、イスラムは世界と和解することができるのか。言い換えるなら、文明の衝突は避け得ないという説には妥当性があるのかということである。そして、前作同様、問いは簡単だが、答えはほとんど不可能な未来予測に属している。

述べてきたように、文化の進化について説明する単一の指標というものは存在していない。トッドの慧眼は、では何を指標にしたらよいのかということについては、さしあたりいくつかの変数を見出すことは可能であるが、何を変数としてはいけないかということだけは、明確にすることができるということを発見したところにある。そして、「イスラムは、一体であり、世界と和解できない」ということが、近視眼的な独断であることを証明しようとする。つまり、世界の民主主義の進展に対して、識字化率や人口動態は強い相関関係を有しているが、宗教や文化習慣には民主主義との有意な相関関係は認められないということである。

しかし、ある事象が民主主義の進展に関係があるということの事例を見出すのは可能であるが、関係がないということを証明するのは、大変に難しい。いわば、不在証明をしなくてはならないからである。

トッドは、この困難を数学者が背理法を使うように、もしイスラムが民主主義の進展(のブレーキ)に関連しているとすれば、それは識字化率や人口動態とも強い相関関係にあるはずであるという仮説が成立しなければならないという逆説的な問いを立てた。この問いを携えて、世界中のイスラム教に関係の深い国の統計数字を調べ上げるという旅に出ることになる。

この途方もない統計数字の旅から導き出した結論は、この仮説は現実と相容れないということであった。つまりイスラムは、識字化率や人口動態とは関わりなく世界中に分散しており、それゆえに、それぞれの国の民主化の推進に有意な相関はないということを示して見せたのである。

このことは、世界の未来を予見するためのいくつかある指標のうちの有力なひとつを打ち消したということであり、前作で示した世界に対する図柄の信憑性を際立たせることになった。これで十全であるとは言えないかもしれないが、まことに説得力のある稀有な論証であることは確かなことである。

「多様化の時代」という虚構——限りなく細分化される個人

市場原理の光と影

構造改革の旗手であり、市場原理主義的な政策の推進者であった竹中平蔵氏は、最近テレビの討論番組で「市場原理主義などを推奨したことはない。なにごとによらず、原理主義などというものがよいわけはない」という意味のことを述べていた。この間のニューエコノミーと言われた経済システムは、それを推進するものにとっては、効率的、合理的に経済発展させてゆくための、政治経済システムの最適化が主眼であって、そのために既得権益や利益誘導の原因を作っていた政治の陋習《ろうしゅう》を破壊し、官僚システムを見直し、郵政民営化、規制緩和などの構造改革を推進してきただけであり、市場原理主義などというイデオロギーを推進したわけではないと言いたかったのだろう。

金融機関の財務体質強化、あるいは株価の上昇、大企業の生産増加に牽引されたGDPの増加といった表面上の経済状況だけを見れば、かれらの推進してきた官から民へのシフト、規制緩和は功を奏したと言えなくもないだろう。

しかし、小泉純一郎元首相、竹中平蔵氏以下、「小さな政府」を標榜する人々が主体的にはどのような見識と目論見を持っていたとしても、かれらが推進してきたことの結果としては、大企業優位の税制や規制緩和が行われ、所得格差は拡大し、地域格差が広がり、小規模事業は淘汰され、フリーターが激増し、若年層の自殺者の増加というかたちであらわれている。これらは、経済成長を最大化するプロセスの中の経過的な混乱現象だというのだろうか。かりに経過的なものであれ何であれ、これらの現象こそが、まさに市場原理主義というものが内包している影の部分であることは、紛れもない事実だと言わなければならないと思う。

私は、新自由主義的な経済政策のすべてが間違っており、すべてを旧来の日本型経済システムへ戻すべきだと言いたいわけではない。経済システムというものは、それがどのようなものであれ、プラスの部分もあれば負の部分もあるのは当然だからだ。ただ、国際経済競争に打ち勝つという理由だけで、経済成長を至上の命題とするような考え方からは、そろそろ脱却したらどうかと申し上げているのである。

経済成長至上主義の心理的影響

リーマン・ショック以後、大手の自動車企業をはじめとして、日本を代表する企業が次々と期間労働者や派遣労働者の解雇を発表した。二〇〇九年に入ってから状況はさらに悪化し、企業も政府も有効な手を打てぬままに、街に仕事のない労働者があふれ、ハローワークには仕事を求める人々が列を作る光景が報じられている。

景気は循環するので、良いときもあれば悪いときもある。しかし、このたびの状況はもはや景気循環の中の一断面というわけにはいかない。英米が主導してきた金融システムが崩壊し、世界が同時的に恐慌の淵に立たされている。市場原理を最優先し、経済成長を唯一の指標とした政策を採り続けたツケがまわっているのである。そうしたことは、悪しき平等を退け、競争による効率向上を目指す社会モデルを掲げたときに、すでにわかっていたはずである。

しかし、わかっていないこともあった。それは、自由か平等か、発展か衰退かといったわかり易い二項対立思考を人も国も続けてきたことが、一般の人々の心理に及ぼす影響、そのライフスタイルに与える効果がいかほどのものであったかということである。

私は、経済的な打撃とそれが生み出した社会不安や格差の拡大という現象は確かに大きな問題だが、経済成長至上主義が人々に与えた心理的な影響、それによってこの十数年を風靡《ふうび》した効率主義、合理主義に対する無批判な信仰は、私たちの社会のより深いところに禍根を残すのではないかと憂慮するのである。

人々の心理に及ぼす影響は、最初はそれとわからぬほど緩慢に、やがて確実に目に見えるようにその姿を現す。たとえば、教育の場面で、労働の現場で、家庭の中で。

繰り返すが、どのような経済システムを採用しようが、そこには必ずプラス面とマイナス面がある。だから、日本が現在陥っている状況のすべての責任を、為政者に求めているわけではないし、そのことを指弾するのは私の意図するところではない。

問題は経済成長をささえた経済合理主義がもたらした心理的な影響のほうである。たとえば、この十年間に急速に増加した非正規労働についても、もちろんその根本要因は派遣法の施行にあるが（その理由はここでは述べない）、どこかで一般の人々もそれに加担していなかったとは言えないと私は思う。それを象徴的に示しているのが、「消費の多様化」「労働の多様性」という言葉である。それが、経済政策を遂行するものたちの甘言だとしても、多様な働き方といった考え方そのものに国民的な合意というものがなければ、必ず頓挫し消滅してゆく他はないからである。

消費行動のほうはどうか。確かに現実を見渡せば、消費者のニーズは多様化し、街は若者向け、あるいは中高年向けといった具合に分化し、商店やデパートにも多様なニーズに合わせて多種多様な商品が並んでいるように見える。私は、しかしこの「多様なニーズ」などという言葉も、実は多様でも何でもなくて、ただ供給側が消費者の欲望を刺激するために作り出した虚構であると思う。ほんとうは、消費者のニーズは多様化などしていない。ただ過剰な商品が過剰な欲望を喚起しているだけであり、消費の選択肢が膨らんでいるように見えるだけである。つまり個人の欲望が限りなく細分化されているだけである。

失礼を承知で言えば、ニーズなどという言葉を嬉しそうに語っているマーケターだとかビジネスコンサルタントも、時代という人形師に操られた腹話術の人形みたいなものに見えてくる。

それでも、秋葉原に行けば、不景気の今でも家電製品が圧縮展示されている。数え切れないほどのゲームソフトを並べている店がある。家電もゲームも新商品が次々と販売される。塾通いのこどもがいれば、ゲームばかりやっているこどもがいる。こどもばかりではない、大人もゲームに夢中になる。韓流ドラマに明け暮れている主婦もいれば、スポーツジムでダイエットにいそしむ主婦もいる。一方で食べていくのに精一杯のフリーターがいれば、親のすねをかじって外車を乗り回している学生もいる。研究室で毎夜データとにらめっこしている勉強家もいれば、フィギュアと添い寝しているオタクもいる。そしてそれぞれが、違う国の言葉を話しているかのごとく、仲間内だけで通じるジャーゴン（＝符丁）を交わしてお喋りする。

これだけ、生活の場面が多様化してくれば、当然、消費も多様化する。消費が多様化すれば生活も多様化する。生活が多様化すれば、働き方も多様化する。ほんとうだろうか。これが多様化した社会のすがたなのだろうか。

多様性の本質とは何か

多様な消費生活。いつの頃からか、そのような言葉が生まれ、これまで見なかったような光景が出現し、やがてそれが当たり前のようになった。おそらくは（吉本隆明もどこかで書いていたが）、週休二日制が採用され、人々の関心が労働から消費へと移った八〇年代にはすでにその兆しがあったということだろう。消費は金と時間さえあれば、誰もが自由気ままにその対象を選択し、必要とあれば交換したり廃棄したりすることができる。お金（貨幣）の万能性とは、まさにそれが何とでも交換可能であると、ひとに信じさせるところにある。

多様な労働。しかし、労働=生産の形態は、本来多様でもなければ、自由に選択したり交換したりすることができるわけでもない。もちろん、職業の選択の自由は国民に保障された権利だが、現実的には生まれ育った環境や、能力などに応じて職に就き、働きながら技術・技能を蓄積して成熟した働き手となってゆく。多様な働き方というような言い方は、ほんとうは労働力を、商品のように欲しいときに欲しい量だけ自由に使いまわしたいと考えているものが振りまいた虚構でしかないと疑ってみる必要がある。

多様性。国際性。市場性。実効性。自己責任。自己実現。これらは一連のマインドセットであり、グローバル化する世界の中で、市場競争に打ち勝つために必要な経済合理性を担保する思考方法を構成する特徴的なワーディングなのである。

この文脈でいえば、日本語は世界に通用しないローカルで非効率な言語というように貶《おとし》められることになる。欧米先進国に遅れをとるなと、小学校で株式取引を教えろといい、大学は実学優先、即戦力の育成機関にしろといい、国際語である英語教育の時間を増やして国際人を養成すべしというような声があちこちから洩れ聞こえてくる。

最近では、電車に乗っていても街を歩いていても、やたらと英会話スクールの看板が目に付く。ビジネスマンも、主婦も、学生も、流暢な英語を話せるようになるために資本投下することを躊躇しない。英語こそはインターネット時代の世界の共通語であり、世界の共通語を操れなければ、世界に伍してたたかうことはできない。いや、何も世界に伍してたたかわなくとも、この日本での就職やキャリアアップ、はては結婚相手探しにいたるまで、英語を喋れないことは機会損失につながる。

経済学者も評論家もしばしば、アメリカでは小学生から株取引を教えている、アメリカの会社では能力が合理的に評価される、アメリカの大学では……、とアメリカがいかにも合理的なシステムを遂行しているかのような物言いである。そして、世界に対して堂々と自己を主張し、コミュニケーションできる人間を育成することの要が叫ばれる。

その結果、多くの日本人が、グローバル化の掛け声を背景にして、漢詩や、旧仮名遣いの近代文学を読むことができないことに何の痛痒も感じなくとも、英語のできないことを恥じるようになっている。

英語が今やユニバーサルランゲージであり、世界の覇権語であることは誰も否定できない事実である。しかし、そのことと、日本語でしか表現できないような感情や、日本語があったからこそ育まれた感覚が、あいまいで閉鎖的であり、無価値であるかのように思ってしまうこととは、まったく別なことだといわなければならない。

この十年間に書かれた日本語論で、根底的なグローバリズム批判の書として最も重要な本である『日本語が亡びるとき』（筑摩書房、二〇〇八年）の中で、著者の水村美苗氏はこう書いている。

> だからこそ、日本の学校教育のなかの必修科目としての英語は、「ここまで」という線をはっきり打ち立てる。それは、より根源的には、すべての日本人がバイリンガルになる必要などさらさらないという前提――すなわち、先ほども言ったように、日本人は何よりもまず日本語ができるようになるべきであるという前提を、はっきりと打ち立てるということである。学校教育という場においてそうすることによってのみしか、英語の世紀に入った今、「もっと英語を、もっと英語を」という大合唱に抗うことはできない。

まったく同感である。この本は日本人のすべてに読んでほしいが、著者が何故このような認識に至ったのか、堂々たるバイリンガルが日本に生まれることを可としながらも、何故なによりも日本語が読めることの枢要を説くに至ったのかを知る必要がある。

その理由は十九世紀の後半から始まった日本近代文学の多様性に、まさに世界文学に伍して次々に生まれた作品に直接触れながら成長してきたからだろう。

『浮雲』を筆頭に、『たけくらべ』『にごりゑ』『坊っちゃん』『三四郎』『道草』『銀の匙』『阿部一族』『渋江抽斎』『歌行燈』『或る女』『濹東奇譚』『春琴抄』『細雪』などを始めとして、枚挙にいとまないほどの優れた作品——それも、ひとつひとつが、驚くほど異なった世界を提示する作品があとからあとから書き継がれ、日本人の心を大きく豊かに形づくっていった。(同書)

これらの作品群は、アジアの端の、世界に流通することの難しい複雑な言語体系を持つ国に生まれたものである。多くの人々が様々な言語や、様々な表現スタイルによって作り上げてきたわけではない。世界にもまれな大量かつ卓越した近代小説を生み出す書き言葉の文化を、共同して作り上げてきたのである。

多様であるとは、このようなことを言うのであり、たとえば小説を読み、書くことをめぐって、多様な表現、多様な感覚、多様な形式、多様な方法を、お互いがお互いを参照しながら模索し、追求する「場」を共有することを言うのである。

今日、多様なライフスタイル、多様な趣味、多様な働き方と言われているものに含まれる多様性、アメリカ合理主義の参照者が褒め称えるダイバーシティーという価値観は、多様というよりは、個々の欲望の目先が細分化し、お互いがお互いを参照する必要のないところで自己決定、自己実現しようともがいている光景だとしか思えないのである。

人間はもともと多様でわけのわからない存在だと、常々私は思っている。自分のこともよくわからない。わけのわからない人間を、異人として排除するのが日本の社会のひとつの特徴でもある。会社においては、営業は営業らしく、部長は部長らしく、自分の意見ははっきりと、書類は論理的にということが要求される。どのような集団のメンバーであろうと、わかりやすい人間であることが要求されるのである。

学校においても事情は変わらない。優等生だったり、札付きの不良だったり、スポーツ馬鹿だったり、うじうじしているのろまだったり、とにかく、ひとことで説明できるような役割を与えられる。

どうしてか。そうでないと、人物判断の処方箋が書けないからである。評価ができない。標準化しないと、生産性が上がらない。標準化の名の下に、効率化の名の下にこの傾向に拍車がかかる。細分化・単純化は消費社会からの要請でもある。

分割された欲望には輪郭はあるのだが、どこかのっぺりしていて陰影というものが消えうせている。影のない人間を、私は信じない。いや、影のない人間がいるということが信じられないのである。ほんとうは、軽薄も貪欲も、高貴も下劣も、馬鹿も利巧も、一人の人間の中に棲んでいたものである。自分が自分であることを確認するということは、他者の中にあるこういった要素と対話することに他ならない。そうやって人間は、自分の中の多様性を発見する。

「わけのわからなさ」には意味がある。ひとりひとりが、分割されて、お互いに交通することをしなくなるということを称して「多様化の時代」と言うなら、それは人間の本質的な多様性というものの価値を断念した時代という他はない。

第二章　溶解する商の倫理

グローバル時代の自由で傲慢な「市場」

世界一の企業

フォーチュン誌が実施している世界企業の売上高ランキングで、二〇〇七年のトップになった企業をご存知だろうか。私は、当然、トップは石油会社か自動車会社であろうと思っていた。多くの方々もそのように考えるに違いない。

実際のところ、私は売上高ランキングというようなものにほとんど興味がないのだが、先だって、通信社に書評を依頼されたある本を読んで、これは少し考え直す必要がありそうだと思ったのである。

そのトップ企業とは、ウォルマートという小売業チェーンである。一九六二年創業のアーカンソーの小さなディスカウント・ショップは、安売り戦略で全米にその支店を拡大し、今や従業員百三十万人を超える巨大企業に成長した。百三十万人とは、エストニアとかモーリシャスといった国の人口に匹敵する。

石鹼や、下着や、生鮮食品のような少額の販売をしているディスカウント業者が世界一の売上げを上げ、百三十万人の雇用を生み出すというのは一体どういうことなのか。どんなことをすればそれが可能になり、それはどんな影響を市場にあたえているのだろうか。そして、アメリカの国内産業に、今どんな変化が起きているのか。

私が読んでいた本は、『ウォルマートに呑みこまれる世界』（チャールズ・フィッシュマン著、中野雅司・三本木亮訳、ダイヤモンド社、二〇〇七年）。原題は"THE WAL-MART EFFECT"直訳すれば「ウォルマート効果」。その題名からもわかるように、これはひとつの巨大化した会社の成功物語というようなものではない。巨大化した企業の功罪についてのデータをできるだけ正確に収集して、その判断を読者に委ねている。

しかし、私はこの本を読み進めるうちに、ひとつの企業の功罪というより、もっと重大な世界の変化に立ち会っているような気持ちになったのである（このときまだアメリカの金融危機は顕在化していなかった）。

これは、九〇年代に市場原理主義に傾いていったアメリカそのものの物語ではないのか。ウォルマートが進出した地域においては、自由な競争の名の下にもともとあった地場の小さな小売店は、価格競争に敗れ、瞬く間に顧客を奪われ、やがて周囲の仕入れ業者もまた呑みこまれていき、地域の自立的なマーケットは別のものに変容してしまう。ウォルマートという企業の巨大化プロセスは、まさにアメリカそのものの未来を象徴しているのではないか。いや、グローバル資本主義というものの行く末さえも暗示しているのではないかと思わせる。

アダム・スミスの市場スケール

アダム・スミスが『国富論』を書いたとき、かれが思い浮かべていた市場とはどのくらいのサイズだったのだろう。市場というような集合的な概念を論ずるときに、そのサイズを勘定に入れておくのは重要なことである。日本も北欧型の福祉国家モデルを採用すべきだという意見があるが、人口五百二十万人のフィンランド、九百万人のスウェーデンの政治システムは、一億人を超える人口を擁する日本にそのままでは適用できないことは、明白であるように思われる。

さて、スミスの頭にあったのは、イギリスの国内市場であるか、せいぜいのところヨーロッパ近隣までを含めた市場であった。『国富論』が発表された時代とは、三十年戦争の講和条約であるウエストファリア条約によって、領土の尊重、内政の不干渉といった考え方が定着し、国民国家としての主権体制が確立しつつあるときである。国民経済もまた、国家という枠組みの中で自律したシステムを整えつつあった。

有名な「神の見えざる手」による市場の自律的な経済調整プロセスは、あくまでも国民国家という枠組みの中での出来事として考想されている。十七、八世紀とはまさに、それまでの絶え間のない国家間の争いや宗教戦争、略奪的な競争の中から、近代的な国家が生成された時代であり、何よりも国家の利益と安全が優先的に配慮される時代であったわけである。『国富論』、またの邦題『諸国民の富』(An inquiry into the nature and causes of the wealth of nations) が物語るように、それはイギリス(およびその周辺国)の重商主義政策、植民地経営に対する警鐘の書であったのである。

重商主義とは、ひとことで言えば、「富とは貨幣のことであり、金銀を蓄積することが富国への道である」という植民地主義的な考え方である。しかし、植民地からの搾取、他国との植民地争い、保護貿易などは、植民地維持のコストの増大や、国内で政権と結びついた特権商人の増加といった問題を生じ、ようやく根付いてきた国家そのものの存立基盤を揺るがすほどのリスクも内包していた。『国富論』は、富の蓄積を争う国家の行き過ぎた保護主義的な傾向に対して、国家の成長の鍵は権力の行使による富の簒奪、蓄積ではなく、自立的な国民の経済活動であると主張したのである。

以後、自由貿易と市場主義を原則とする資本主義は、産業革命を経て大きく発展する。ひとつのシステムの発展は同時にそのシステムが抱えていた矛盾も増大させる。完全で完璧なシステムというものは、存在しない。資本主義システムは、もう一方の「理想」である平等を掲げる共産主義の挑戦を受け、さらには雇用問題、格差問題など資本主義内部の矛盾から、修正を余儀なくされることになる。ケインズ主義が登場し、福祉や雇用などに関して部分的な国家の統制を導入してきたのである。

しかし、『国富論』から二百年の後、修正された資本主義は悪しき平等主義として斥《しりぞ》けられ、市場原理に基づいた経済が復活してくる。サッチャリズム、レーガノミクスが先導した、小さな政府、格差是正よりは経済全体の活性化、自己決定、自己実現といった世界観が、経済の成長、国際競争力の強化の名の下に世界中を席巻した。ここでの市場主義はもはや、アダム・スミスが植民地主義に対抗して考想した市場主義とは、その狙いも効用も全く別なものに変容している。

なぜなら、資本主義的な競争の結果として極端な非対称が生まれている世界の中でのグローバリズムとは、植民地主義を批判したアダム・スミスの市場主義よりは、持てる国が持たざる国を略取する、経済的な植民地主義、帝国主義に似ているというべきだからである。

国家間の貿易の障壁をなくすという自由市場までは、アダム・スミスも見通していた経済システムであるが、それはあくまでもイギリスやオランダ、フランス、オーストリアといった経済対称的な国家間の貿易に関して考想されたものであったはずである。アメリカを覇権国家として、そこに世界中の富を集中させるという現代的な植民地主義であるグローバリズムが、市場原理を経済発展の原動力として組み込んだとき、この経済思想はアダム・スミスらが考えた思想とどれほど隔たったものになったのかと思う。個々人の無軌道な欲得が支配する商品市場においては、市場自体のメカニズムが個々の欲得を調整し、秩序を作り出すという発想は転換されて、成長のためには一切の規制は害悪であるかのように喧伝されたのである。

しかし、成長とはそれ自体ひとつの不安定であり無秩序だとは、誰も考えなかった。成長し続ける国民経済も、企業も、恐竜のように、より成長しなければならないという体内から湧き上がる過剰な欲望に悩まされることになる。

規制なき欲望は、大きくなり過ぎて身動きが取れなくなるまで歯止めが利かない。古来、人間の生活においても、財や養分の欠乏は、ある程度までは互助的な努力や代替物の採用による対処が可能な症状だが、過剰は、その病理に自ら気づくまでは、いかなる処方も困難なのである。

権力としての市場

自由な市場を旗印に繰り広げられた企業間闘争は、世界規模での市場の争奪を必然化した。

弱肉強食。

誰でもが自由に参画できる企業競争は、その自由さゆえに強いものの独り勝ちの様相を呈することになる。加速する企業買収の流行を見るまでもなく、大が小を呑み込むことが当たり前の世界になってきている。日本においても、巨大ショッピングモールが進出した商店街で、小さな店は価格競争に敗れ、シャッターを下ろすことになる。

企業競争の勝者は、ひとつの地域の勝者に止まらない。グローバル標準の名の下に繰り広げられている競争ルールによって、ひとつの企業が「帝国」のように全ての産業を支配するというようなことも起こりうる。巨大な「帝国」が支配する市場は、自由の名の下に生まれたものだが、もはや自由な市場ではない。「帝国」の意のままにコントロールされた資本蓄積の養魚場のようなものになってしまう。その市場を泳ぐ魚は、自らの意思というよりはむしろ「帝国」の呪縛力によって、必要以上に食べ、必要以上に肥えている。

スミスは、グローバリズムの時代にあったら、どんな『国富論』を書いただろう。まったくの荒唐無稽な想像だが、かれは、おそらくかつての『国富論』とはずいぶん異なった主張をするだろうと思うのである。

『国富論』は、分業の効用から書き始められ、個々の欲得のおもむくままに行動することで、市場が活性化し、自律的に安定化するという見事なロジックを展開した。かれの著書が今なお多くの人々に感銘を与え、読み継がれる理由は、社会の変革が一人の権力者や、国家権力によって主導されるのではなく、人間が作り上げた市場そのものの中に、変革と安定のメカニズムが埋め込まれていることを「発見」したからである。

今ならむしろ、同書でも触れている分業の欠点にあらためて着目し、国際分業と競争の激化が、やがてその経済システム自体を自動的に毀損《きそん》させてゆくというロジックを展開したのではないかと思えるのである。なぜなら、いま私たちが目の当たりにしているように、かれが発見した市場に埋め込まれている変革のメカニズムは、市場を自律的に安定化すると同時に、市場そのものをどこまでも膨張させてやがて自律的に破壊へと導くものでもあるからである。

なぜ、そんなことが起こってしまうのか。それは、市場において自己の欲望にしたがって自由にふるまっている人間が、自分で気がつかないうちに変化していくからかもしれない。欲望にしたがって自由にふるまっているかのように思っているが、その実、欲望に支配されて自由なふるまいができなくなった恐竜のように。

何が商の倫理を蒸発させたのか

続発する食品不祥事

世界を席巻したグローバリズムの影響は、単に金融の世界だけに及んだのではない。それは人々の生活の内部にまで浸透し、その消費活動全体に、また生産者側の価値観や哲学といったものにまで影を落としていった。

そのひとつの兆候が、二〇〇七年に日本で相次いで起こった食品会社の不祥事である。日本の戦後の商業の歴史の中で、これほど不正や事故が大きくクローズアップされたことがあっただろうか。一言で言えば、倫理観の喪失ということなのだろうが、商人やビジネスマンの倫理観が喪失したから不祥事が起こったと言ったところで、何も説明したことにはならないだろう。倫理観の溶解は、原因ではなく結果だからである。

何が起こったのかをもう一度反芻《はんすう》してみよう。二〇〇七年十月、伊勢の名品「赤福」の賞味期限の改竄《かいざん》や、売れ残り原料の再利用が発覚。これに続いて「御福餅」も賞味期限の付け替えが発覚し、謝罪の記者会見が行われた。土産物だけではない。高級料亭船場吉兆による食品偽装は、高級店の信用に著しい打撃を与えた。これら以外にも、食品加工会社「比内鶏《ひないどり》」の地鶏偽装や愛知特産の地鶏、名古屋コーチンの偽装など、「お前もか」といったように不祥事が続く。これに先立つ食品偽装を列挙するなら、ミートホープ社による食肉原料の偽装、名門不二家による期限切れ材料の使用、雪印食品の牛肉偽装や、雪印乳業の原料の不正使用による食中毒事件など、枚挙にいとまがない。

これほど多くの食品偽装が短期間の間に頻発したのである。いや、食品だけではない。建設業界においても、自動車メーカーにおいても、様々な偽装や、手抜きが報ぜられている。実際に被害が出た場合もあるし、内部告発などによって、被害が食い止められた場合もある。そしていずれの場合であっても、これらの不祥事を起こした会社は、経営的な窮地に追い込まれているのである。

いったい、このような危険なコストカットを何故、会社は行ってしまったのか。

問題は経営者の倫理なのか

これらの問題には、簡単でわかり易い答えが用意されている。その答えとは、倫理観の欠如した経営者が、不当な利潤を得ようとして、あえてルールの一線を踏み越えたのだというものである。事実、メディアはこれらの経営者を激しく指弾し、法律もまたかれらに相当の罰を科してきた。

しかし、いつの時代にも、倫理観の欠如した経営者というものはいただろうし、やらずぼったくりのような商法で小金を溜め込むといった詐欺まがいの商法はあった。だから、この答えは間違ってはいないが、何故これほど頻発するのかの説明にはなっていない。

老舗といわれるような信用のある会社や、大企業がこれほど続けて不祥事を起こすということには、経営者の個人的な倫理とは別のところに理由があるように思える。簡単でわかり易い答えというのは、しばしばものごとの本質を隠蔽するものだと思った方がよい。これらの企業の経営者たちには職業的な倫理観が欠如していた、というのは的外れの推量であると私には思える。

もし、倫理観の欠如が原因だというなら、かれらに欠如していた倫理観は、ほとんど私（たち）にも欠如しており、かれらが追求した金銭的な欲望は、ほとんど私（たち）も共有していると思うべきではないのか。いや、そのような自己相対化をすることなしに、これらの不祥事を根絶することなどできない。

たとえば、利益確保のためのコストダウンの方策として、法律すれすれのところまで原材料を減らして混ぜもので間に合わせたり、許容基準ぎりぎりのところまで補強材を減らしてコストダウンをすることと、産地を偽装したり、原料を使い回したり、建築材を削ったりするといった違法なコストダウンを隔てたものは何だったのか。

ほんらい倫理観とは、法律の内側と外側をただ分別するものさしではないはずである。法律内でコストを圧縮し利益を最大化した経営者は賞賛され、その賞賛したもの（メディアも、学者も、一般の人々も）が、まったく同じ文脈で法律を破ったものを糾弾するのだとすれば、その糾弾が照準しているのは、倫理ではなくただ「法」の境界だけではないのか。この「法」の境界をめぐって、前者は「うまく」やり、後者は「下手」をしてしくじったというだけではないのか。

法律とは倫理を明文化したものではない。倫理が及ぶところでは、行為の理非を明文化する必要はないというべきだろう。「法」は、倫理が及ばない人間の行動に規範を与えるために、行動をルール化する必要から生まれてきたのである。

上記の例でいうなら、どちらの会社の経営者も、「会社のために」利益を最大化しようと努力したのであり、株主も世間も、それを期待していたということではないだろうか。ここを看過しては、問題の所在は見えてはこない。

記者会見で謝罪するこれらの会社の経営者の顔を見ていて、私は、かれらはきっと家庭ではよき夫だったり、よき父であったはずであるという思いを禁じえなかった。問題の本質は、経営者の人品骨柄《じんぴんこつがら》とは別のところにあると思うべきではないだろうか。ましてや、経営者の倫理観が問題の本質だと言ってはかえって問題の本質を隠蔽することになる。

株式会社という病

問題は経営者の倫理ではない。とはいえ私は商の倫理がどこかで毀損され、溶解してしまった姿を目の当たりにしていると感じており、それが何によってもたらされたのかを論じようとしている。ポイントは、人間には誰もがこういった事件の当事者になりうる可能性があるというところにある。

利益至上主義や株主利益の優先という考え方を推し進めれば、人間は個体としては倫理的でありながら、同時に社会倫理そのものを破壊してしまう行動を抑えることができなくなる。個人の倫理と社会の倫理は、随伴することもあれば、倒立することもある。なぜ、そんなことが起こるのか。

ジョエル・ベイカンの『ザ・コーポレーション』(酒井泰介訳、早川書房、二〇〇四年)によると、株式会社が生まれたのは、十七世紀後半のイギリスである。当時は、起業家たちが元手を出し合って事業をおこなうパートナーシップ制が一般的な事業形態であった。そこに資本と経営が分離した株式会社というシステムが生まれる。株取引の中心であったロンドンの仲買人たちは、そこに一攫千金の夢を見た。インチキ企業の株を売りつける投資家を探してその金を巻き上げるのである。

当初は、株式会社は、このような投機的な舞台に利用され、イギリスでは腐敗と醜聞の温床になるとの理由で禁止されることになる。株式会社はその後、復活するのだが、この発生当時のあやうさは、現代においても消滅してはいないように思える。いや、現代こそ株式会社が株式会社であることのあやうさが露呈してきているといえるのかもしれない。

ジョエル・ベイカンのレポートは、今日の食品会社や、建築、自動車会社の不祥事を考える上で重要な補助線を与えてくれる。繰り返しになるが、これらの不祥事に関しては、概ね経営陣の倫理観の欠如ということが指弾の対象となっているようだが、それは企業不祥事の頻発のほんとうの問題を矮小化するだけの短見であると言わざるを得ない。問題になった企業の経営者の多くは、日常の生活においてはおそらくは立派な紳士であり、家庭においても優しく、頼りがいのある父親であっただろう。地元の名士ということもあったかもしれない。かれらに、倫理観が欠如しているとすれば、同じ程度に、かれらを指弾するマスコミも評論家も倫理観は欠如していると言ったほうがよいと私は思う。

これらの企業の不祥事は、経営者の個性には還元できないものが含まれていると考えなければ、私たちはこの問題の根本にあるものを克服することは永遠にできないように思える。

では、どう考えたらよいのか。もちろん、世の中には怠慢な経営者もいれば、日々研鑽を重ねている思慮深い立派な経営者もいる。だから、つねに経営者に問題がないとはいえない。しかし、私は、株式会社というシステム自体が問題を内包しているという考え方を導入しないと、この種の不祥事は解明することができないと考えている。

かれら経営者は、会社を存続、発展させるために、出来得る限りの手段と方法を駆使して、日々努力に努力を重ねていたはずである。その結果として、かれらが選んだひとつの方法が、原材料費のコストダウンであり、期限切れ在庫の償却であり、下請け企業への外注費カットであった。結果として、商品に欠陥が出るリスクはあるが、そのリスクを犯しても、かれらにはこの方法を選ばせる理由があったのである。もし、倫理観というものを、禁欲的に仕事を遂行するというところに求めるならば、私情を排して、ミッションに忠実であったかれらは十分に倫理的であったとさえ言える。

見過ごされた時間の効果

世の中の経営者すべてが、法を犯してまでのコストカットをするかどうかは別にして、必ずぎりぎりまでコストを抑えようと努力をしているに違いない。その理由はもちろん、利益を確保しなければならないという企業にとっての至上命令があるからである。

では、その命令を出しているのは誰か。ここに、経営と資本を分離することで誕生した、株式会社というシステムの強さもあやうさもあるのである。利益確保の至上命令を出しているのは、原理的には株式会社の所有者である株主である。

では、株主とは何か。もちろん、個々を見れば様々な人間模様が見えてくるだろうが、原理的に言えば純粋に株価が上がることだけを期待して株券を保有している人間である。株主は、本来的には製品の質とか、企業文化には興味がない。銘柄とは、手元にある株券の価格が上がるか、下がるかだけの記号的な対象でしかないのである。そして、かれらに雇われているのが経営者である（不祥事を起こした会社が、株式公開をしていない場合が多く、実際には会社の所有者と経営者が同じである場合が多かったのだから、このロジックは無効であると言われるかもしれない。だが、私が問題にしているのは、経営者本人ではない。経営全般、ビジネス全般、商業全般に強い影響を与えている時代の価値観というものなのである。そのつもりで、以下お読みいただきたい）。

経営者の倫理観とは、会社の倫理であり、それはとりもなおさず、株主利益を最大化するという命令を忠実に実行するということである。所有と経営が分離された株式会社というシステムにおいては、株主は企業が倫理的であるかどうかについては、本来的には興味がなく、経営者も従業員も、自己の倫理とは別に、株主の利益に忠実であるという経済合理的な行動をいつも余儀なくされているように見える。つまり、株式会社というものを、株主主権という形で捉えている限りは、所有と経営が分離した瞬間に、倫理観もまた分断されるのである。

そして、ここ十年の間、こういった株主主権的な会社観、経営観を、政府も大企業も是認し推進してきたのであり、それがあたかも世界の常識であるかのように、流布されてきたのである。

所有と経営の分離。そして株主利益の最大化。そのためのコスト圧縮。ここまでのロジックには、しかし重要な瑕疵《かし》が含まれている。それは、会社というものが存続し得なければ、株主利益というものもまた存在しないということである。このあたりまえの事実を見逃すのは、現在の社会が時間の効果というものをほとんどないがしろにしてきたからだと私には見える。将来の倒産という事態と、現在の株価利益を秤《はかり》にかけたとき、時間の概念がなければ、だれでも現在の利益を優先させることになる。

アメリカン・グローバリズムの顕著な特徴のひとつは、会社の価値というものを、ネット・プレゼント・バリューという物差しで計ることである。ネット・プレゼント・バリューとは会社の現在価値であり、その中には、会社の信用、社員のロイヤリティー、組織の団結力といった見えない資産は含まれていない。ただ、現在の資産価値と、将来生み出すであろうキャッシュフローを現在に割り引いて計算した数値だけで、会社の価値というものを判断する。それは、株価や会社を売り買いする投資サイドが便宜的に考え出した尺度に過ぎない。将来生み出すお金といえば、一見、時間の概念が含まれているように見えるが、実はそこにあるのは現在のビジネスを飴のように引き伸ばしただけの時間でしかない。

会社にとってほんとうの時間の意味を知ることとは、信用や信頼といった見えない資産の効果というものは、時間を経なければ確認することができないということを知ることと同義である。そして、この見えない資産の効果を将来に向けてつなぎ合わせてゆくことが、期間利益を確保することと同時に、会社経営のもうひとつの重要な課題であるはずである。

しかし、短期的な利益だけを至上命題とする限り、先に述べた理由により経営者と株主との間では、倫理観が共同することよりも、相反することのほうが多いのである。倫理というものが分断されているとすれば、これをつなぎ合わせる作業を誰かがやらなければならない。それをすべて、経営者におしつけて事足りるという話ではないのである。

私たちは自分たちが何を食べているか知らない

バター騒動

二〇〇八年の春、スーパーマーケットからバターが消えるという事態が発生した。たかがバターをめぐって起きたこの事件は、今にして思えば、その数ヵ月後に起こる世界金融パニックとそれに続く世界同時不況の前触れのような事件であったのである。

かつて、オイルショックの時（一九七三年）に、中東戦争の影響で石油原料が値上がりし、紙がなくなるという噂が流れ、トイレットペーパーが棚から消えたことがあった。消費者の買いだめと商社の買占めがこれに拍車をかけた。このときは確かに大きなパニックになったが、パニックが収まって市場の調整力が機能すれば商品が棚にもどってくるだろうと予測することはできた。そして、消費者物価の高止まりという形で、事態は収束したが、中東で起きた戦争が、めぐりめぐって大阪千里ニュータウンのスーパーマーケットに飛び火するという事態には、何か不吉なものを感じないわけにはいかなかった。経済のグローバル化が進展した世界においては、対岸の火事が此岸《しがん》を焼くこともある。

経済のグローバル化は、歴史の必然であり、資本が国際移動し、その結果として経済が活性化し、その恩恵が世界に行き渡るという幻想に誰もが取り憑かれていた。

しかし、考えてみれば世界がひとつの経済になるということは、もしその経済システムに何らかの不測の事態が起これば、世界全体が麻痺してしまうということを意味している。

かつて、コンピュータシステムの分散化が叫ばれたとき、その一番の理由は、中央集権的なコンピュータシステムは一旦事《こと》有れば、すべての貴重なデータが失われる危険性があるので、その危険性を分散するためであるということであった。ひとつのシステムが破壊されたとしても、他のシステムが生きていればシステム全体は活動を停止することなく、ダメージから回復してゆくことができる。

しかし、グローバル経済の世界では、誰もシステムを分散化してリスクを回避すべきだとは考えなかった。世界は、ひとつのルールで運営されているひとつの市場であることが、望ましいと考えられたのである。

話をバターに戻そう。市場からのバター消失は、直接的には、原料輸出国であるオーストラリアの旱魃《かんばつ》による減産と、国内での牛乳生産の過剰調整が原因であったと伝えられている。原因はわかっている。しかし、今や日本人の主食の一角を占めるパンとバターの一方がスーパーから消えるという事態は、戦後の食糧難を除けばかつて経験したことのないことである。食料が不足するというのは、他の生活品目が不足することに比べ、精神的なインパクトは格段に強い。何かもっと悪いことが連鎖する予兆ではないかと思わせるからだ。いや、もっといえば、爆発的な人口増加と都市化の進展によって、世界を巻き込んだ食料争奪戦争も可能性なしとはいえない。

いや、そんなことはあるまい。食料不足なんていうのは、一時的な需給のアンバランスか、一部途上国の過渡的な現象であり、市場メカニズムが生産を調整し、農業の効率化や遺伝子組み換え技術などのテクノロジーが問題を解決してくれる。食糧危機などためにする議論であり、いたずらに不安を煽る政治的なプロパガンダだ——。

しかし、と私は思う。人間も動物の進化系である。動物は身の回りの食物を食《は》んで生き、食物が枯渇して滅んできた。種としての滅亡につながる食料確保の不安定を回避する工夫の中から耕作や酪農をはじめた。食糧問題が、需給のアンバランスや飢饉などの災害によってのみ生じているのなら、人間の知恵はなんとかその問題に対処してゆくことができるだろう。しかし、それが投機的な欲望によって引き起こされるのなら話は別だ。欲望を人間がコントロールできなくなっているからであり、それが需給のアンバランスを人為的に生み出すことになるからである。

国際分業システムが内包するリスク

日本は食料自給率が三九%であるという。つまり六一%は、海外から輸入されたもので食卓をまかなっている。私たちの身体の六一%は海外に依存しているというわけである。

では、その食料はどこからやってきているのか。『コンビニ弁当16万キロの旅——食べものが世界を変えている』(千葉保監修、太郎次郎社エディタス、二〇〇五年)という本によると、am/pmの「和風幕の内弁当」は、その食材の七割は海外からの輸入品で、たとえばトリ肉はブラジル、エビはタイ、サケはデンマーク、金時豆はボリビア、黒ゴマ白ゴマがトルコ、野菜類は中国と、まさに世界中から十六万キロの旅路を経てひとつの弁当に結集しているという。

あらためてそう知らされると、これは驚愕の事実であり、気味の悪いことでもある。私たちは自ら食べているものを知らない。

どうしてこんなことが起こるのか。たとえば貧富の差がある二国間において、食料にせよ、エネルギーにせよ、一国で充足するよりは、それぞれが得意分野の生産に注力し、不足分を貿易で補う方が、双方の国にとって利益をもたらすという、リカードが提唱した比較優位の国際分業が行われているからである。食品が世界中を回る輸送費を補って余りあるだけの利益が、この比較優位の国際分業からもたらされる。

ただ、このシステムが機能するのは、二国双方の経済が順調に推移しており、壊滅的な闘争や、絶望的な貧富の不均衡が存在しない限りにおいてである。一方の国の経済がなんらかの理由で破綻してしまったり、あるいは紛争や、政治的な理由によって貿易に制限が加えられれば、瞬く間に食糧危機やインフレーションといったパニックに陥ってしまう。利益追求の欲望は無軌道で際限がない。行き過ぎれば一方が他方を単なる廉価な労働力として搾取し尽して、このシステムそのものを破壊してしまうリスクもあるだろう。

アメリカの作物輸出自由化に乗って自国の農業を破壊させてしまったハイチの現状、ユーロ圏にまで影響を及ぼしたロシア・ウクライナ天然ガス紛争などは、その例である。こういうことは十分に起こりうることである。そうだとすれば、現在の国際分業システムは、持続可能性の高いシステムではなく、どこかで突然死をするリスクを内包したシステムであるということになる。

それは、食料だけにとどまらない。経済がグローバル化するということは、システムの突然死のリスクが増大することであると考えて、そのリスク分散をしなければいけないはずである。経済のグローバル化を推進しているのは、人間の欲望である。アダム・スミスが言ったように、人間の欲望が市場の調整力の原動力ではあるが、同時にそれが市場の破壊者になることもあり得るのだ。

ギャンブラーの自己責任論

必勝法がないから面白い

賭博に関して、寺山修司が面白いことを言っている。

賭博には必勝法が一つだけある。それはイカサマをすることである。「人工的に勝を演出する技術」といってもよい。だが、必勝法を身につけてしまったギャンブラーたちには、何の賭博のたのしみがあるものだろう。(『時代の射手』芳賀書店、一九六七年)

ビジネスはギャンブルであると考えているひとがいる。確かにそういう側面がないわけではない。先物取引や株の売買といったビジネスならなおさら、ギャンブル的な要素は強いだろう。

本来ビジネスの要件というものは、商品もしくはサービスというものを顧客に渡して、その対価を金銭で得ることであると私は思っている。しかし、ビジネスの複雑化、多様化によって、商品らしい商品というものがなくとも、お金が移動するということが起こるようになった。

株取引は、安値で買って高値で売るという簡単な原理で成り立っている。しかし、株価というものが必ず右肩上がりで上昇するとは限らないことも誰もが知っている。皆が値上がりすると思って買いを入れれば株券は不足して希少性が増すわけだから株価は上がるが、どこかで皆が利益を確定しようとして、売りに出た瞬間に株価は下がり始める。一枚の株券が数百万円になったり、ただの紙くずになったりする。

株を買うとは、その株の将来の価値を買うということで、そこにはビジネス取引に本来あるべき明確な商品は存在していない。丁と出るか半と出るかわからない将来の結果に賭金を置くという点では、株取引はまさにギャンブルであるといえる。そして、それがギャンブルである限りにおいて、必勝法というものは存在しない。いや、賭博であれ、ビジネスであれ、必勝法などというものは、存在し得ない。もしそこに、必勝の戦術があるとするならば、それはどこかでイカサマが介在しているということだろう。

ギャンブルは勝ったり負けたり、ビジネスも成功したり失敗したりするからこそ、多くの人間がそれに惹きつけられるわけである。しかし、金融工学がやろうとしていることは、この勝敗を事前に確定してしまおうという野心的な試みである。いわば勝利の方程式を発見し、完全とは言えないまでも、損失リスクを最小化し、投資効率を最大化しようとする。

もし、かれらが余人の知りえない情報をあらかじめ入手しており、その情報のゆえに利益を得たとするならば、それはイカサマとは言えなくとも、フェアな取引とは言い難い。そこで、様々な法的な規制、市場のルールが決められているわけだろう。しかし、金融市場というものが、その参加者に対して全く透明かつ、完全な情報を平等に与えるなどということもまたありえない。

ギャンブラーの矜持

引用した寺山修司の文章が面白いのは、後段の、「必勝法を身につけてしまったギャンブラーたちには、何の賭博のたのしみがあるものだろう」というところにある。このことが意味しているのは、単にギャンブラーがスリルだけを求める性癖の持ち主であるということではないだろう。負ければすべてを失い、板子一枚下は地獄であるという場所に自らの立ち位置を定めることへの矜持《きょうじ》があるはずである。かれらは、平穏無事な人生よりはリスクの多い生き方の方に価値を見出しているのである。あらかじめ決められた人生など、面白くも可笑《おか》しくもないと思っている。

ギャンブルであれ、ビジネスであれ、将来の成功に向かって自分を企投する（挑戦する）ということでは同じことである。どこかで、運に身を任せるしかないのであり、そういう自分の立ち位置を認め、引き受けなければならない。結末の見えないドラマだからこそ、面白いのである。面白さのよってきたるところは、結末にあるのではない。結末に至るまでのプロセスこそが、人を惹きつけるのである。

必ず儲かる商売というものがあったとして、そこには、ビジネスそのものの楽しみはすでに毀損されているといわなければならない。ところが、最近ではギャンブラーもビジネスマンも賭博の楽しみを忘れかけている。結果だけを追い求めて、ギャンブルそのものの楽しみ、ビジネスそのものの面白さというものが見えなくなっているのである。

およそ人間のやることで、何から何まで完璧に自分の能力だけでやり切れるというものはない。どこかで運を天にまかせなければならない瞬間というものがある。人知の及ばぬそのぎりぎりのところまで力を尽くし、そこから先はサイコロに聞くしかない。細心の注意と最善の努力は、この人知と運命の境界をわずかばかりは先延ばしできるかもしれない。それでも、最後のところはやはり自分の力を超えた何かが加担してひとつの結果が生まれてくる。

こういった時間を潜り抜けることで、初めて人間は成長する。成長とは自己の限界について知ることであるからだ。八百長をして大きな成果を得たものに共通するのは、成長の意味についてついに知らぬまま時を過ごしてきた子供のような純真と浅薄である。

ライブドア事件に登場した野心的なビジネスマンや、物言う株主で名を馳せた官僚出身のファンドマネージャー、そしてこのたびのリーマン・ショック以降メディアに登場してきた米国投資銀行の巨魁たちの顔を見ていると、私はどこかで中途半端なギャンブラーの面影を見てしまう。自らの才覚と努力によってビジネスルールのグレーゾーンを発見し、そこに賭金を置くという点においてはかれらは間違いなく優秀なギャンブラーであったが、自らの失敗を、もし世間の嫉妬や、司法のフレームアップや、経済の風向きや、政治権力の意向のせいだと思っていたとしたら、ギャンブラーとしても失格であると言わざるを得ない。

ギャンブルは、自らの才覚と努力によってどこまでも必勝法を探し出そうとする人々が参画するゲームであるが、最後のところでは個人の能力を超えた運に身を投ずるしかないものでもある。そしてその運がついに自分を見放したとしても、それは誰のせいでもなくて自らの才覚と努力の責任である。そう言い切れるものたちだけに参加資格が与えられている「危険」なゲームなのである。

自分が関与できないこと、自ら意志して行ったことではない結果に対して、責任を取るということ。大人であるとはそういうことであり、ギャンブルの参加資格は大人であることだけである。

街場の名経営者との会話

当たり前のことを当たり前にやる難しさ

肩書きばかりが多い人間というのは、どうも信用ができない。人間一生のうちでやれることは限られている。あれもこれもやっているという人間は、畢竟《ひっきょう》するところあれもこれも中途半端だということだろう。

よく、会社社長で、町内会の会長で、ライオンズクラブの役員で、詩吟の会の世話人で、少年野球チームのコーチで、マンションの理事長なんていう具合に名刺にずらっと役職を並べている人がいるが、そのご尊顔を拝見すると、ただ自分を大きく見せたいという幼児性が抜け切らぬままに、脂ぎった大人になってしまったような顔立ちをしている。

人のことは言えない。数えてみたら、私も、社長が二社、取締役が五社で、近々にもう一社取締役となる会社ができる。全部で八社である（これでも、一時は十三社に関わっていたので、随分整理したのである）。何のことはない、これでは、詐欺師か、馬鹿である。肩書きの多いのは、その人間の多才であることを示すわけでもないし、優秀であることを表すものでもない。地に足がついていないことを満天下に晒しているだけである。名刺入れにすべての名刺が入りきらない。頼まれると嫌とは言えない性分といえば聞こえはいいが、節操がないはんちくな野郎だと言われても返す言葉が見つからない。

口を糊《のり》するひとつの職場と、心底入れ込める趣味、心休まるひとつの家族。朝起きて会社に着いて仕事に没頭し、定時に帰巣し、休日に盆栽と会話するなんていうのがいさぎのよい人生というものである。ほんとうにそう思う。

もし、色々な会社と関わってきて、ひとつだけ役得というものがあったとすれば、多くの会社を見比べることができたということだけかもしれない。十人十色というが、なるほど会社というものも、十社あれば、十通りの経営がある。

少し前に、旧友の内田樹くんの兄上と横浜中華街で会食した。かれは、ご自分が設立した会社と自宅を往復するだけのシンプルな生活を信条としている。つまり、いさぎのよい人生の人である。あれこれと、会社のお話をうかがっていたのだが、この兄上の経営思想には、いちいち得心がいった。

こういう人ばかりが経営者であるならば、バブルも起こりようがないし、労働争議も、モチベーション教育なんてものも無用のものになるように思える。

「俺はね、年功序列ってのがいいと思っている。その理由は、自分が雇われていたときに全く認められていなかったからね。成果主義とか、実力主義なんていうが、仕事の上での能力だとか、実力なんてのは、そんなに大差があるわけじゃないよ」

「社員に対して、売り上げを増やせなんて一度も言ったことがない。だって、そんなことを言うのは全く無意味だからね。それで売り上げがあがるのなら言うかもしれないけれど、問題はどうやってその売り上げをあげるかということだろう。何を、どうやるのかということだけが、枢要な課題だろ」

この二つの言葉だけでも、かれの経営がどのような発想に基づいているのかがよくうかがえると思う。これは、シンプルで力強い思想であると呼んでもいいように思う。人間の能力といったものを、人間が容易に判断できるわけがないということ、人間は筋道の見えない号令では動くことがないということ。これらは、考えてみれば当たり前の、人心の摂理である。

「常に己の進路を求めて止まず。而して尚方円の器に従うは水なり」

これは黒田如水の「水五訓」の一節である。しかし、この当たり前のことを、当たり前のように遂行してゆく会社は多くはない。大変に少ないといってもいいいと思う。

「ホー・レン・ソウをなくせばいい」

合理的と称して、成果主義を導入する会社は多い。しかし社員一人ひとりに与えられた条件には、必ず非対称が存在するし、能力を判定する物差しは実はかなり恣意的なものである。そのことを理解できない馬鹿な経営者は、上がってきた数字が透明で公正な物差しであるかのように、思ってしまうのである。

数字と成果は無関係ではないが、必ずしも因果関係で結ばれてはいない。現場にいるものは誰でもそれを知っている。知らないのは現場の水を飲んでいない、手の白い連中である。

そこには、当然のことながら報われない愚直の者と、合理の浅瀬を渡るのが上手な果報者が出来《しゅったい》する。そうなれば社員のモチベーションは上がらない。いや、捻じ曲がったモチベーションが生まれてくることになる。誰も、数値にならない報われない仕事に邁進する気持ちにはなれないからである。サッカーに喩えれば、誰もがストライカーを目指すか、あるいは、ゴール前でこぼれ球を拾ってシュートしようと集まってしまうようなものである。ディフェンスはがら空きになり、中盤をつなぐミッドフィルダーにはなりたがらない。要するにチームプレーに亀裂が生じる。実際に、成果主義を導入した職場では、しばしばこのチームプレーの乱れが問題になる。

もちろん、これは極端な見方である。営業だけを成果主義にして、スタッフ業務は目標管理を導入する会社もある。すべての業務を、コストと成果の物差しで数値化しようとする試みも見られる。しかし、どこまで細密に仕事と成果を数値化していっても、その人間の運不運、仕事との相性、他者に与える影響といったものは勘定に入れ込むことができない。どこかに最適な解があるわけではないというのが本当のところである。会社全体の業績を上げる方法は、おそらく業種により、組織により、会社の成長のフェーズにより異なっている。

内田社長は、しかしそんなことは、問題の外であるという顔をして、実に意外なことを言い出した。

「会社からホー・レン・ソウをなくせばいいんだよ」

一瞬私は、かれが何を言いたいのかわからなかった。報告・連絡・相談こそ、会社内のコミュニケーションの基本であり、組織力を最大限発揮するための「いろは」であると、誰もが信じているはずである。実際、ビジネス本には、ホー・レン・ソウの必要性が縷々《るる》説かれている。内田さんは、しかしこのシステムは、責任逃れと、ただ仕事を増やすだけの無駄のシステムだというのである。報告した方は、それで荷が軽くなったような気持ちになる。報告された方は、報告内容に関して何か責任が発生するかといえば、そうではない。ただ、報告されたという事実だけが残るのである。何故、こんなことをするのか。それは、チームプレーを円滑にするためではなく、進行中のビジネスが頓挫したときに、責任の所在を明確にしておくためにだけなされている。つまるところお互いのお互いに対するエクスキューズのシステムである。

もしも、それぞれの持ち場のプレーヤーが自分の仕事に対して、全幅の責任を果たしていれば、仕事そのものがかれを求め、チームの人間には阿吽《あうん》の呼吸が自然に生まれてくる。相談できないとわかれば自分で創意工夫する気持ちが生まれる。おそらく、こんなことを内田さんは言いたかったのだろう。報告・連絡・相談は、確かにコミュニケーションの重要な身振りであり、内田さんの言は確かにひとつの極論だが、そういう身振りをあえて言葉に出して言わなければならない状況自体、その組織というものがうまく機能していない証拠であるとも言えると思う。

独創的な経営者とは、こんな風に考えるものであり、それはまた自らの体験から抽出されてきたことでもあるだろう。

経営の課題は効率化と生産性の最大化だが、それは畢竟するところ従業員の一人ひとりが、仕事に打ち込める環境を作ることであり、それは仕事をする人間が、その仕事は自分を求めていると感じられる状態を作り得るかどうかにかかっている。なによりも「仕事の要諦はホー・レン・ソウだ」などというもっともらしい箴言《しんげん》を繰り返すことが経営なのではないと、この経営者らしくない経営者は、言外に言っている。街場の経営者、畏るべし。

寒い夏を生きる経営者

異変の兆候

リーマン・ショックが起こる前に、すでに日本の労働の現場では異変の兆候が現れていた。二〇〇八年の夏の、中小・零細企業の現場の空気はどのようなものだったのか振り返ってみたい。

というのも、私はこのたびの金融危機というものが、単にアメリカの金融セクションが犯した詐欺まがいのバブルの演出とその破綻によってのみ起きたのではないと思っているからである。もちろん、サブプライム・ローン問題が、アメリカ経済を根底から揺さぶる危機の引き金になったことは確かである。しかし、同時にもっと長いスパンのなかで消費資本主義というものが大きな限界にきていたこと、そして、そこに突発的なバブル崩壊が重なって起きたと理解すべきだろう。そして、「一部の野心家が引き起こした」混乱よりも、消費資本主義というものの限界という課題は、本質的かつ厄介な問題であると思っているのである。

二〇〇八年四月の日銀の「経済・物価情勢の展望」では、「概ね潜在成長率並みの緩やかな成長を続ける可能性が高い」という見通しを立てていた。同時に「わが国経済はエネルギー・原材料価格高の影響などから、減速している」との見方を示している(日本経済新聞七月十三日付、「週目点」より)。

なんだかな、と思う。経済担当者もアナリストも、上がってきた数字をにらんで、予測を立てている。上がってきた数字(株価指数やら、物価指数やら、倒産件数)は、それが数字として上がってきたときには、経済の現場で起きていた出来事や、そこから末端の製造部門に波及していくだろうインパクトの強度といったものは消し去られている。しかも、現実は予測の時点（つまりは数値を分析した時点）よりも先に進んでいるので、予測という未来予想でありながら、いつも現実の後追いをしているようにしか見えない。

先日、私の会社の関係しているところから「民事再生手続き開始の申し立て」の通知が来た。前月にもひとつあった。身近に経営者の自殺もあった。中小企業、零細企業の倒産が相次いでいるのである。

エコノミストや政府系の経済担当者が景気云々をいうときに、現場の実態をどれだけ肌で感じているのだろうかと思う。大企業の株価に一喜一憂していても、零細企業の釜のふたがどうなっているのかは見えてはこない。零細企業の経営者たちは、受注手応えや周囲の投資環境から、この時点でこれまで経験したことがないほどの不況感を肌で感じていたはずである。四月時点の日銀の展望レポートが、まったく現実を反映していないことは、現場で生きているものには自明のことであったのだ。死線をさまよいながら生き延びてきた中小・零細企業の経営者ならば、それくらいのことは皮膚感覚でわかる。

問題は、この不景気がどのくらいの期間続くのか、この不景気の中でも生き延びてゆく生存戦略とは何かを知ることにある。

私は、経済が右肩上がりを今後も続けていけるのかということに関しては、あまり明るい展望は持てないのではないかと思っている。消費資本主義の最先端を走り（ということは有効需要を食いつくし）、人口減少のフェーズに入った共同体においては、実物経済の市場は縮小していかざるを得ないのは自明のことのように思えるからである。

しかし、明るい未来がないとも思わない。むしろ縮小均衡すれば、共同体全体としては落ち着いて、地に足の着いた循環型の経済が根付く可能性がある。新陳代謝が衰えてきて、はじめて思慮分別に篤いおとなになるということである。

ただ、これはあくまで、実物経済を基本にして人間の生活を考えた場合である。現実のほうは、投機、金融といった実物取引を伴わない賭博資本主義的な傾向がますます強くなり、ますます実体経済と金融経済の乖離が大きくなっていった。私は何度も言っているし、本にも書いたが、ビジネスの本質とは商品を媒介した交通が原則だと思っている。しかし、ビジネス社会は、原則からどんどん離れて肥大化している。

最低の生存ラインを確保せよ

ほとんどの中小・零細企業は大手企業からの発注によって生計を立てている。大手企業が予算を絞り、生産を調整すれば、おのずとマーケットは縮小し、経営は圧迫される。当たり前のことだ。

大企業はストックがあるので、景気動向によっては変動費をカットして、生産調整、在庫調整をすることで生き延びていくことはできるかもしれないが、銀行からの借り入れと、売掛金の回収で回している零細企業は、蛇口をとめられればひとたまりもない。大企業からの発注という蛇口と、金融機関からの融資という蛇口である。いつの時代でも、どのような社会でも、経済の下降局面でわりを食うのは末端の部分で実物の経済を支えていたものたちである。

世界との競争などと言って、分業の細分化、労働の非正規化、徹底的なコストの外部化などを推進してきたのだが、これらはすべて大企業の短期利潤確保に寄与するための政策であり、零細企業から大企業までを含めた大きなシステムから見れば、生体（システム）そのものの生命力を脆弱化させていると思ったほうがよい。大きなシステムが死んでいくときは必ず末端から死んでいく。

寒い冬の時代（いや寒い夏もだ）に死なずに生きてゆくために、動物と、その社会にとって必要なものはなんなのかと考えてみる。ひとつは、個体そのものの耐性力をつけることであり、もうひとつは生存のための行動の優先順位を間違えないことである（パンを分かち合うことは、社会にとってもっとも効果的かつ美しい防衛策だが、現在は誰もそれをしようとは思わないだろうし、実際にそのような互酬的な社会は当分の間は再来しないだろう)。

ひとはしばしば、生存よりは、現在の生活を維持し、向上させることを最優先に行動する。そして少ないパンを奪い合うための効率のよい生き方を選ぼうとする。しかし、後退戦を戦うには、そのことがかえって正しい選択を誤らせる結果になる。

今、苦しい中小・零細企業の経営者に仲間の一人として言いたいことはひとつである。自社の苦難を分割せよ。そうすれば、捨てても構わないじゃないかと思えるような無理や無駄に、どれほどこだわっていたのかに気づくかもしれない。

そして、いまやれること、やるべきことを点検し、組織の、最低の生存ラインを確保せよ。それは、まさに倒産と存続の境界を潜り抜けてきた私の実感でもある。生き残っていくこと以上に重要な課題なんて、そんなに多くはないのである。運がよければ、誰も一人では生きていないことを知っている隣人と苦難を共有することができるかもしれない。

ホスピタリティは日本が誇る文化である

金で買えないもの

二〇〇七年ミシュラン・ガイドによる東京のレストラン格付けが話題になったのは、記憶に新しい。最上級の格付けに当たる三つ星が、八店に与えられ、二つ星、一つ星は一四二店に与えられた。これは、フランス本国を除外すれば、世界で最高の数である。同ガイドの総責任者ジャンリュック・ナレさんは記者会見で「東京は世界に輝く美食の都市」と話したという。

私は自分の実感としても、世評からも、日本の食文化の中心は、阪神間、京都のエリアであると思っているが、もしこのエリアを評価に加えれば、日本のレストランの評価は本国であるフランスを凌駕することになるだろう。これは驚くべきことであるが、そのことの意味についてはあまり深く考察されたことがないように思える。

もうひとつ、私事で恐縮だが、私は毎年数回箱根の同じ宿で、友人たちと酔狂な集まりを持っている。ここ数年で、その旅館にちょっとした異変が起きている。客層が変わったのである。年々、外国人客（特に中国、台湾、韓国などのアジア系と、ヨーロッパからの客が目立つ）が増え続けている。その旅館は箱根では由緒のある旅館だが、価格帯としては中ランクといったところである。一泊二万円から三万円である。夕食を囲んでこのことが話題になった。

「どうして、急激に外国人客が増えたんだろうか」

「安くないのにね」

「いや、三万円でこの料理が食べられて、温泉につかって、さらにはこれ以上ない歓待をうけるような場所が、世界のどこにあるかということじゃないか」

我々の結論は、日本の旅館のホスピタリティこそ、いまや世界の観光娯楽の中で最も競争力があるということであった。それともうひとつ重要なことがある。つまり、ここには、「金で買えないものがある」ということである。

富裕層が強者でいられる条件

グローバリズムは、必然的に経済至上主義、競争主義、効率主義へ向かう。政治的な言語は、国ごと、地域ごとに異なっても、参入障壁を取っ払えば、お金という尺度は世界の共通言語となるからだ。そして、それは貧富の格差を広げ、世界を富めるものと、貧しいものとに二極化した。この格差拡大の全ての原因をグローバリズムに帰するつもりはないが、少なくとも国家間の競争効率だけを考えれば、平均収入を引き上げるよりは、富を経済強者に集中した方が効率がよいに決まっている。

三万円の旅館に宿泊できるのは、貧困層ではないことは確かである。富裕層といってもよいかもしれない。かれらは、世界中の多くのものと、手持ちの財貨を交換することが可能である。世界にはもっとゴージャスなホテルはあまたあり、もっと高価な食材にありつくことはできる。しかし、どんな富裕層であっても金で買えないものにアプローチすることは難しい。

富裕層が強者でいられるのは、等価交換の成り立つ世界の中だけである。等価交換の世界では、対価さえ支払えばそれに見合う財や、サービスを受け取ることができる。それが意味していることは、この財やサービスというものが、いつでもどこでも交換可能であるということである。つまり、取替えが利く。ダイムラークライスラーから、マクドナルドに至るまで、世界中のどこで購入しても同じサービスが、同じ価格で享受できることを強調してきた。これをスタンダードテキスト・フラットレートという。

しかし、ホスピタリティは、等価交換の世界の価値ではない。

期待どおり、価格どおりのサービスではなく、価格に表示できない意外なサービスがそこには必要なのである。グローバリズムの進展とともに、日本でもこのホスピタリティの精神が失われつつある。しかし、それがビジネスにおいてどんなに重要なことであるかを、先の例が示してくれている。

第三章　経済成長という病が作り出した風景

利便性の向こう側に見える風景

限定としての身体

当たり前のことだが、人間は裸で生まれてくる。裸というのは、衣服を着用していないということだけを意味しているわけではない。二本足で歩行し、数百メートルを見通す目を持ち、数十メートル先の人間に届く声を発する機能を備えた身体として、それ以上でもそれ以下でもない生身の身体として生まれてくるという意味である。

生身の身体は、しなやかに環境に順応し、成長とともに機能は強化される。しかし、どこまで身体能力が強化されようが、人間は鳥のように空を飛べるわけではないし、豹のように草原をハイスピードで駆け抜けることはできない。成長はやがて止まり、老いへ向かって機能は徐々に衰えてゆく。このことが意味しているのは、身体機能は、人間を自由にするが、同時に機能限定的な生き方を強いるということである。この限定を解き放つために、人間は自分の身体の外延に機械仕掛けの道具を装着することを思いつく。そうやって自動車が生まれ、船が作られ、飛行機を発明してきた。

確かに裸の人間は、自らの身体も含めて自然の摂理というべき制約の中で生きている。しかし、機能を限定された人間の身体、つまり数百メートル先の文字を読むことはできないということや、山を越えた谷間の仲間に届く声を持っていないということや、隣の村までの距離を一足飛びに駆け抜ける脚を備えていないということは、ただ限定的な機能であり、ひとつの不可能性であるという以上の意味は持っていないのか、と考えてみる。つまり、機能が限定されているがゆえの利得というものが人間にはあるはずだ、と。これは馬鹿げた考えだろうか。

人間の身体とは、考えられうる限りの複雑なシステムである。どのようなシステムであれ、それを維持し、永続的に運用してゆくためには、システム全体を支えているサブシステムとの間のバランスというものが重要なことになる。

私事で恐縮だが、私の身長は百六十センチで止まってしまった。私の弟は私より十センチ背が高い。小学生の頃、私は鉄棒を習い、胸や肩には子供らしからぬ盛り上がる筋肉がついていた。この筋肉が、骨の発育を圧迫することになったと後に聞くことになる。そういえば、体操の選手は、総じて背が低い。逆のケースもある。視覚に問題を持った人間は、通常以上の聴覚や身体感覚を獲得するという。胃ガンで胃をまるごと切除した患者の食道は、やがて胃の代理をするとも聞いたことがある。脳の機能についてわかっていることとはほんのわずかであるとも言われている。知覚野をつかさどる脳の部分に致命的な損傷を受けた患者が、知覚を取り戻す。調べてみると他の部位が機能代理をしていた、といった話も聞いたことがある。

このうちのいくつかは、思い込みや、迷信の類かもしれない。ただ、すべての生きるものは、何かの機能を失うことによって、必ずそれを補うような別の能力を開発するということは信じてもよいように思う。同時に、何かの機能を得るということは、必ず何か別の能力を失うということもまたあり得べきことのように思えるのである。

さて、この小論で私が試みたいのは、テクノロジーの進歩が何を人間にもたらすかということではない。人間に利便をもたらすテクノロジーは、その進歩を止めることも、引き戻すこともできない。進歩すること自体は、自然過程だからである。そして、テクノロジーが、人間に何をもたらすかは誰もが言い当てることができる。かつて鳥を見て空にあこがれ、豹を見てスピードに憑かれたように、人間は自らの身体の限定の外側へ外側へと自らの身体を改鋳してきたのだ。手仕事は自動化され、テレビは世界中のニュースを映し出し、移動手段はより高速化される。

だから、テクノロジーの進化が何を人間にもたらすかということではなく、何を人間から奪いとるのかということについて考えてみたいのである。テクノロジーの進歩によって、人間は裸の状態に有していた力をはるかに凌駕する能力や機能を獲得したように見える。同時に、獲得した機能と同等の何かを喪失しているかもしれないということである。

人類学上の大発明

携帯電話の発明は、自動車の発明にも匹敵する人類学上の大発明なのかもしれない。いや、私が当今の技術革新の事情をよく存じ上げていないだけで、そんなことは当然だと言われるかもしれない。

自動車は、人間のライフスタイルを一変させた。なかでも、空間の観念を大きく変えたことは大きな変化であった。以前は隣の町まで行くのに一日かかっていたところが、一時間で行けるようになった。空間が圧縮されたというわけだ。人間の移動範囲は、自動車の発明以後、格段に増大した。技術の進歩とともに、遠隔地までの移動時間はより短縮されるようになる。

これにより、人間の生活の中に、スピード化という概念が生まれた。大雑把に言って、それ以前は人間は自然のリズムの内部で生きていた。日の出とともに起床し、土地に縛り付けられるようにして収穫し、日没とともに一日を終える。一日の行動は、自然によって制約されていたともいえるし、自然が決定していたともいえるだろう。しかし、自動車はこれまで不可能だった遠隔地に人を運び、荷物を積み、必要があれば車内で一夜を明かす移動住宅にもなる。

もっとも、利便性が増すだけの発明なら他にもいくらでも見つけ出すことができるだろう。人類学上という意味は、人間の生活を一変させるような道具は、もはや利便性だけを追求する道具であることを越えて、ある種の人間の分身であり、欲望の代理となったというところにある。人々は、高速で走る自動車の能力をあたかも自分の能力のように錯覚し、美しい機能美には愛着以上のものを注ぐ。そう、自動車は身体を自然の条件から自由にした異能の分身であり、それゆえに憧れの対象でもあり、虚栄心の具現化という意味を担うようになった。

自動車の発明は、利便性の獲得と同時に、人間から野性の脚力を奪っていった。失われた脚力は、トレーニングジムで回復することができる。しかし、人間が取り憑かれた「万能への夢」は、以後、人間の内部に不釣合いに巨大化した万能への欲望という名の恐竜を育てていくことになった。

産業資本主義の時代の最大の発明が自動車であるとするならば、消費資本主義の時代の最大の発明が携帯電話だということになるのだろうか。この手のひらサイズの小さな機械が、人間の生活を劇的に変えようとしている。動きながら他者と交信し、音楽を聴き、手紙を書き、料金を支払い、小説を読むことができるようになった。しかし、この発明がほんとうは何を意味し、人間の未来に何をもたらすのかということになると、実はあまりよくわかっていない。

バーチャルな隣人と携帯電話的人間

携帯電話が人間の機能の何を拡大し、延長したかは明白である。自動車が空間と時間を圧縮したとするならば、携帯電話は空間も時間も消してしまったのである。地球の裏側にいる人間と、リアルタイムでコミュニケートすることができる。それ以上に重要なのは、移動しながら常に情報を発信し、他者と交流できるような機能を人間に付け加えたということである。便利になったものである。

しかし、そもそも人間は携帯電話がもたらしたような機能、すなわちいつでもどこでも他者とコミュニケートする必要があったのだろうか。いや、もっと別の問い方をしたほうがよいかもしれない。いったい人間の精神の何が、いつでもどこでも他者とコミュニケートしたいという欲望を喚起したのだろうか。

周知のように、携帯電話が爆発的に流行するきっかけを作ったのはティーンエージャーである。女子高校生と言ったほうが適切かもしれない。携帯電話が大流行する前に、以前は考えられなかったことが日本中に瀰漫《びまん》していた。

私には当時、ちょうどその当事者たる娘がいたので、その生態を観察することができた。娘は襖《ふすま》ひとつを隔てた部屋で寝起きしていたのだが、私は、電話代の請求書を見て愕然とすることになる。一気に数十倍になっていたからである。娘はほとんど夜通し、電話をかけていたのである。しかし、毎晩、夜通し話をするなどということがほんとうにあるのだろうか。私はにわかには信じられなかった。

しばらく後、この夜通しの電話というものが、相手と通話するためではないということが判明することになる。どういうことかというと、彼女らは必ずしも、受話器を耳につけたまま話をしているのではなく、ただ通話状態のままベッドの脇に置いていたのである。このような使い方はあるいは、私の娘とその相手だけに特有のものであったかもしれない。しかし、あちこちで、電話代が跳ね上がって悲鳴を上げている親の声が聞こえてきたとき、同じようなことが起こっているのではないかと容易に想像することができた。彼女らは、電話というものに、通話するということとは別の機能を発見していたのである。

たとえば彼女らはお互いに自室でテレビドラマに興じている。そして、必要があれば受話器に向かって大きな声で「ねえ、いまのどーだった。ちょーうけるよ」と叫ぶのである。相手のベッドサイドに放置されている受話器から、この声が漏れてくるのである。携帯電話が爆発的に流行するのは、それから間もなくしてであった。

社会学的な理屈を述べるなら、携帯電話の普及と核家族化には相関関係があるということになるだろう。家族が崩壊してゆき、人間は砂粒のように孤立化していった。しかし、人間はどこまでも孤立を耐えることはできない。そこで、どこかで他者と絶えずつながるためのツールを発見したというわけである。もはやひとと会うためにアポイントメント、場所の確保、時間の調整といった煩瑣《はんさ》な手続きは必要ない。風呂やトイレの中でも、悩みを打ち明けたり、仕事の相談をしたりすることができる。話が不調に終われば、一方的に会話を終わらせるスイッチを押すこともできる。便利このうえない。

しかし、事はそれほど簡単ではないように私には思える。コミュニケーションとは、必要なとき、必要な相手と、自分の都合に合わせて交信することなのだろうか。嫌いな相手と、気の乗らない時間を共有することは、ただ避けて通るべきことなのだろうか。ほんとうは、コミュニケーションの必要性とは話の通じない相手と共生するところに生まれるものではないのだろうか。

口当たりがよく、柔らかいものだけを食べていたのでは人間は健全な成長ができない。私たちは身体的、心理的なところで、失ったものについては、まだカウントしていない。失ったものは、私たちが利便性から獲得した時間そのものが持っていたものである。他者と会うために何時間も、ことによったら何年も要した時間も、当初から意味のない時間であったと言うことはできない。経過した時間は無駄で不要なものだったわけではない。その間、私たちの周囲には、天候が移り、街角の風景が変わり、自分の中の何かもわずかながら成長し、変容していたはずである。

他者と出会うということは、私が通り過ぎてきた時間と同じ長さの、他者が通り過ぎてきた時間がひとつの場に引き寄せられるということに他ならない。ふとした相手の表情に表れる陰影は、この時間が作り出したものである。私たちは時間を迂回しなければ、ほんとうにはリアルな他者と出会うことはできないのだ。

出会って五分が経過した後の自分は、出会う前の自分ではない。印象が変わり、感情が動き、相手に対する理解の度合いが変わる。リアルであるということの意味は、この微細な変化をお互いに受け取ることであり、それを担保しているのはリアルなものを感受する人間が生まれながらに有している野性の感性である。

リアルなものとは時間的・空間的に無限の多様性をもつ世界である。時折相手はえもいわれぬ表情をする。この表情には形容する言葉がない。それでも、それが何を意味しているのかについて、私たちの感覚は捕捉することができるのである。受話器の向こう側から届けられる声にも、この変化の残滓《ざんし》を聞き分けることはできる。しかし、多くの場合それは声が大きいか小さいか、高いか低いか、ノイジーかクリアかといった二分法的な差異でしかない。それは、ほとんど音声データのカテゴリーであり、現実の縮減モデルなのである。

問題はこの先にある。この習慣を繰り返しているうちに、人間は往々にして、縮減化されたモデルによってしか、表現することができなくなる。あるいは他者をカテゴライズすることに慣れきってしまう。生まれてくるのは携帯電話的な人間であり、せいぜい携帯電話に取り憑かれ、多様性を失ったやせ細った隣人なのである。コミュニケーションの利器が、実はディスコミュニケーションを加速させる、ということになっているのである。

暴走する正義

グローバリズムと変質する言葉づかい

経済システムや政治システムというものが変われば、会社のあり方も人々の生活も微妙に変化する。この十数年に世界を席巻してきたグローバリズム、市場原理主義（いや、これらの言葉もまたこの時代がつくった粗雑でいいかげんなものだが）は、私たちの生活や、社会のあり方に直接的・間接的に変化をもたらしてきた。

会社について言えば、株主主権という考え方が主流になり、会社は株主のものであり、会社の利益は株主に還元されるべきであるという言説が当たり前のように言われるようになった。会社の所有権に関して、純理論的には、上記の考え方に異論を挟むのはなかなか難しい（もちろん反論はできるが、それを厳密にするには本一冊分の説明が必要になる）。ただ、こういった考え方は少なくともグローバリズムが出てくるまでは一般的ではなかった。

お金に関する人々の考え方も、変容してきている。戦後以来高度成長期までは、確かにお金は貴重なものであるが、世の中には金では買うことのできない価値がいくらでもあると多くの人々は考えていた。たとえそれがやせ我慢だとしても、どれだけ金を積まれても売れないものがあるはずだという最後の一線が、生活上の価値観として共有されていたように思う。しかし、グローバル化の進展によって、言語が異なり、生活習慣が異なり、人種が異なる人々との交易において、金は唯一の共通かつ透明な言語であり（そのとおりである）、金は力であり、金には逆らえないといった風潮が支配的になっていった。

このような明らかにそれとわかる変化もあれば、自分たちでもそれと気がつかないような心理的な変化というものもある。ものごとの価値判断を、損か得か、善か悪か、高価か廉価か、健康的か不健康かといった二項対立的でわかり易い指標で語る傾向もそのひとつかもしれない。一物一価。商品に値札がつけられるように、ひとの思考にも行動にも上記のようなデジタルな指標が用いられる。別の言い方をするなら、生活のカタログ化、商品化ということになる。

こういった言葉づかいに現れる心理的変化の原因が、グローバリゼーションであるとか、市場原理主義だというつもりはない。その原因が何であるのかをつきとめたところで、現実が変わるわけでもない。ただ、そこに因果関係があるかどうかはともかく、グローバリゼーションや、市場経済の隆盛、都市化といった時代の趨勢と、言葉づかいの変化は同時に私たちの生活の上にやってきたとはいえるだろう。

心理的な変化それ自体は、よいともわるいともいえない。ただ、現実の生活の場面で、それがどんな現象としてあらわれ、私たちがその変化とどのように向き合えばよいのかということについては、留意すべきだと思う。

現実は、簡単でもわかり易くもないからである。

正義というものの危うさ

二〇〇七年夏、ショッキングな事件が報道された。北九州の病院の看護師で病棟課長の女性が、入院患者の高齢者四人の爪をはがす虐待を行っていたというのである。看護師は「自然に取れた。水虫の処置のつもりでやった」と供述し虐待を否定していたが、病院は傷害容疑で刑事告発した上で懲戒解雇したという。看護師は傷害容疑で逮捕され、起訴。そして身柄を拘束されたまま、第一回公判前整理手続が開かれた。ところが、この事件は意外な展開を見せることになった。

日本看護協会が、事件現場の看護仲間や病院関係者から情報を収集してこの事件を調査した結果、この看護師が行った行為は虐待ではなく、看護実践から得た経験知に基づくケア行為であったと判断し、その見解を発表したのである。

私がこの事件の顚末を知ったのは、テレビ朝日の報道番組『ザ・スクープ』によってである。番組の取材によるとこの「爪はがし」という行為は、お年寄りなどに多く見られる白癬菌などによる「肥厚爪」を整え、清潔に保つケアの一環であったというのである。彼女の行為を見た「肥厚爪」の知識のない病院スタッフによる内部告発に、病院側が慌てて、拙速に謝罪の記者会見を行った。そして、爪はがし、老人虐待、看護ノイローゼといった言葉が一人歩きする。

番組の映像には、謝罪記者会見の模様が映し出され、記者が、事件の再発防止策に具体的なものがないといって病院側に詰め寄る光景が映し出されていた。正義の鉄槌を振り下ろしているマスコミと、おろおろして責任回避しようとしている病院責任者という構図である。

私は、この光景はどこかで見たことがあると思った。いや、うんざりするほど頻繁に見せられてきた光景だ。ＪＲ西日本福知山線の脱線事故でも、あるいは最近の食品疑装の記者会見の会場でも、謝罪する側と正義の鉄槌を振り下ろしているマスコミ。

たしかに、爪ははがされたし、脱線事故は起こったたし、食品の表示は偽装された。しかし、それらは、唐突に、不義の人々によって、悪を行うために引き起こされたというような単純なことではないだろう。このとき、正義の問責を行った記者もまたどこかで、この事件に加担しているかもしれない。いや、そういった想像力なしに、このような事故や、事件の解決の処方など書けるわけはないのだ。今回の「爪はがし」事件の顚末は、正義というものの危うさが、はからずも浮かび上がったケースである。

この看護師が、何かの理由、たとえば介護ストレスによる精神的な混乱からこのような行為に及んだのか、あるいは献身的なケアの一環として行った行為が誤解されたのか、ほんとうのことは今のところよくわからない（彼女は後者だと主張しており、告発した側は前者だと主張している）。第三者には、ほんとうのことはわからない。いや、これから先、判決が出たとしてもわからないままだというべきだろう。それにもかかわらず、マスコミの報道は、非道の看護師という物語を作り上げてしまったのである。

事の真相は問題ではない

この事件にはいくつかの重要な落とし穴が隠されている。第一に、「老人の爪はがし」というショッキングな言葉が、すぐに「虐待」という言葉と連鎖し、その言葉に病院もマスコミも過剰に反応したということ。第二に、看護師を告発した病院も、病院を指弾する記者も現場を踏むことなく、事実そのものよりは虐待とか再発防止といった言葉を先行させてしまったこと。第三に、病院もマスコミも、善意や正義の代弁者としてふるまったということ（この場合の正義とはいったい何を意味するのか。それが重要なポイントだと私は考えている。これは後にあらためて考察されることになる）。第四に、人間の複雑で不可解な思考や行動を、高齢者虐待防止法という新しい法律の言葉でしか考えられないという思考の硬直である。

映像には、当の看護師へのインタビューがあった。これを見る限りでは、私には虐待があったというのはかなり疑わしいように思えた。彼女の言葉に嘘があるようには思えなかった。いや、彼女が嘘をつく理由が見当たらないというべきか。さらに言えば、爪が白癬菌で厚くなってぼろぼろこぼれるという事態は、私自身にも経験があるので、看護師が何をしたかに関してはおよその想像がつくからである。

もちろん、そのこと（私の印象）をもって、彼女に過失がなかったと断定しようとは思わない。ただ、もしこの事件にひとつの判断を下そうというのなら、当事者の言葉をよく聴くことは何より先にしなければならないことである。また、番組では「被害者」サイドの見解は映像にはなかったので、その点も考慮しなくてはならないだろう。

そもそも虐待があったかなかったか、というように問題を立てること自体に大きな落とし穴がなかったか。そのこと自体がひとつの予断ではなかったかと思うのである。虐待があったかなかったかを判定する材料は、今回のような場合この看護師がどのような人間であり、患者との関係がどのようであったかということの中にしか存在していない。いや、それがわかったところで、人間は時に思いもよらない行動を起こす動物である。そうなると、事の真相は彼女の心の中にしかない。本人がよかれと思ったとしても、結果として虐待になるということだってありうるだろう。

重要なことは、事の真相がどうかということではない。問題は事の真相こそが事件のゴールだと思い込むような思考法であり、そのゴールを正邪の基準で裁こうとするような人間理解の浅薄さにある。

利用される正義

ここから先はすこしややこしい話になる。話題がすこし飛ぶがお許しいただきたい。

二〇〇二年頃、アメリカでひとつの戦争シミュレーションゲームが開発された。「アメリカズ・アーミー」というこのゲームは、軍関係者と民間のCGエンジニアによって、米軍へのリクルート戦略の一環として制作された。ゲームのターゲットは主に高校生である(実際には大人もこのゲームに夢中になっている)。ユーザーに、アメリカの正義が世界の悪と戦うという物語をインプットし、その正義を実現するために米軍へ参加するように誘導してゆくという意図を持ったゲームで、国家予算二十二億円を使って開発されたという。

そこに描かれているのは、見た目にも明瞭に識別可能な正義の戦士と、悪を絵に描いたような(実際絵に描いたのだが)テロリストだったり、ゲリラだったりする。このゲームには、コミュニティ、チャットが用意されており、多くの若者がこのゲームに惹きつけられ、連帯意識を駆り立てられているという。単なる遊びとはいえない。実際にこのゲームに参加するものの個人情報は、陸軍が収集できるようになっているらしい。この実態を見ると、楽観視も、シニカルに笑うこともできないように思える。

二〇〇一年のセプテンバー・イレブンの事件がなければ、このゲームは作られただろうか。たぶん、作られなかっただろう。このゲームに横溢するのは、あの事件以降の、自由の国アメリカの、官製の正義なのである。

重要なことは、イラク空爆に正義があったかなかったかということではなく、戦争に正義が利用されたことだ。「テロとの戦い」とは、そのまま「悪との戦い」と読み替えられる。しかし、正規軍と正規軍が闘う戦争は、二国間の問題解決の最終の手段ではあっても、正邪を決めるものではないはずである。戦争当事国のどちらにも端《はな》から正義などとは無縁の動機が存在している。

イラクには、空爆の根拠とされたような核兵器製造施設は存在していなかったし、もうひとつの正義であった民主化という点でも、その後の惨憺たる経緯を見ればそれが無理筋であったことがわかる。ほんとうはアメリカがイラクに進駐する合理的な理由など、存在していなかった。ただ、セプテンバー・イレブンの衝撃の後、ただちにテロとの戦いを宣言し、我らに正義ありということを国民統合の機軸に据えた瞬間に、この正義は実現されなければならないということだけが、一人歩きをはじめてしまった。ほんとうは正義などどこにも存在していないのだということを、誰も疑えなくなってしまったのである。

社会にとって経済成長こそが善なのだから、ごちゃごちゃ言わずに、明確なゴールを定めて、やるべきことを合理的かつ実践的に進めてゆくべきだというような思考もまた同根であるだろう。その意味では、競争的な市場原理と、イラク空爆にまですすむアメリカの軍事戦略は同じ思考の根を持っている。

悲劇を生む思考の落とし穴

閑話休題。

ほんとうは、人間も人間の作り出す社会も、善と悪で二分できるような単純なものではない。そんなことは誰でも知っている。しかし、にもかかわらず、善悪、正邪でものごとを判断することを回避できないのもまた人間である。

介護の現場で、多くの「虐待」が報じられているのは事実である。だからこそ、「高齢者虐待防止法」なる法律ができたのだろう。多くの「虐待」が報じられたと書いたが、実際この「虐待」にも様々な経緯と事由が存在しているはずである。介護の現場で働くものが、誰も好き好んで「虐待」をしようとは思わないだろう。同時に根っからの「虐待者」というようなものがあるわけでもない。それにもかかわらず、悲劇は起こる。

この悲劇の原因はどこにあるのか。

私は、その原因がどこか手短なところにあると考えるべきではないと思う。いやむしろ、手短なところに原因があり、その原因は憎まれるべきであり、取り除かなければならないというような思考法こそが、悲劇の生成に加担しているのだと思うのである。先の事例でいうならば、「虐待を生んだ病院」を指弾し、改善策が見られないといって詰問した記者の思考法のなかに、「虐待」を生み出す同じ思考の落とし穴があると考えるのである。

記者は（あるいはこの事件を報じたマスコミも）、自分たちは虐待というようなおぞましい出来事の外部に在ると考えているのだろう。そうでなければ、もっと丁寧に「加害者」に取材したはずだし、悪の芽を摘むといった正義の言葉を吐くことはできなかったはずである。もし、この事件の加害者が、「虐待」ではなく、「介護の一環」として行動したのだとするならば、この記者の言葉は、彼女に対してどんな正義を実現できるのだろうか。

さらに言うならば、この記者は正義のために病院を指弾したのだろうか。あるいはもっとべつの、自らの欲望の赴くところにたまたま正義が転がっていたというのは考えすぎだろうか。人間とは誰も、自分がどうありたいか、どのように見られたいかといった欲望とは無縁ではいられないだろうし、同時にこの欲望それ自体は正義や悪とは全く無関係の次元の存在であると思ったほうがよい。

この記者に足りないのは、もし自らが介護の現場に立ち、にっちもさっちもいかないような状況のなかに立ったとき、自らの手が白いままでいられるとは限らないということへのイマジネーションである。

クリント・イーストウッドが監督主演した映画『ミリオンダラー・ベイビー』では、自らが育てた女性ボクサーが、再起不能の状況で苦しむのを見て、彼女に死を与えることを決意するまでの葛藤が描かれている。かれにとっては、彼女を生かし続けることが「不正義」であり「虐待」なのである。人生は楽しいことだけではなく、簡単ではない。そうこの映画は告げている。

確かにこの映画は極端な例かもしれないが、それでも大変示唆的な問題を投げかけている。人間が行動を起こすのは、正義を実現するためでもないし、悪を行うためでもない。ひとりの人間の行動の前には、いくつもの選択肢が広がっているが、行動の後に、事後的に善や悪といった形でしか判定されざるを得ないということである。

そのこと自体は、あるいはどうにもならないことなのかもしれない。どうにもならないことかもしれないが、この順逆を間違えてはならないと私は思う。ひとつの結果から原因へ遡行して悪を摘出するという思考法をとっている限り、私たちはしばしばこの記者の陥った落とし穴に嵌《はま》ってしまうのである。

新自由主義と銃社会

不思議なスローガン

「銃が人を殺すのではない。人が人を殺すのだ」

全米ライフル協会のスローガンである。不思議なスローガンである。正しくもあり、どこか経験と相容れない作為的な響きもある。もちろん、ライフル協会は銃愛好者や、メーカーが構成している組織であるので、これが「まず銃ありき」へ我田引水するキャッチフレーズであることは、勘定に入れておく必要があるだろう。もし、このスローガンに奇異な響きがあるとするなら、それはどこからくるのか。

バージニア工科大学卒業式での銃乱射事件や、コロンバイン高校での事件など、アメリカでは、時々銃の乱射事件が起こり、そのたびに国内外に銃規制の是非の議論が巻き起こる。それでもアメリカが銃規制に本格的に取り組む気配はない。ひとつには、一七九一年制定の憲法修正第二条の存在が、アメリカの、かなり特殊と思える「自由権」を保障しているからである。

“A well regulated militia, being necessary to the security of a free state, the right of the people to keep and bear arms, shall not be infringed.”（規律にのっとった民兵は、自由な国家の安全にとって必要であるから、人民が武器を保有し、携帯する権利は、これを侵してはならない。）

この条文もまた、様々に解釈が可能である。銃の保持を権利として有しているのが、条文の前半では民兵となっており、後半は人民（あるいは一般の人々）というように二つの意味合いの異なる主語がアマルガムになっている。

銃とは言うまでもなく、殺傷兵器である。一般市民に銃の携帯を認めるということは、時と場合によっては人間を殺傷することを認めるということに他ならない。戦時においては、多数の敵を殺傷することは英雄行為ともなりうるが、一般市民が銃を携行するというのは、戦時を想定しているわけではない。では、いかなる場合に人は人を殺傷することが許されるのか。

この条文は、アメリカという合衆国家の成り立ちと深い関係を有している。個人の完全な自主、自由に依拠するリバタリアニズムの観点からすれば、これは悪しき国家権力による個人への蹂躙《じゅうりん》に対する革命権であるとする考え方が成り立ちうる。あるいはもっと日常的な、正当防衛権であるとする見解もあるだろう。いずれにせよ、人間は、時と場合によっては国家権力や、他者から問答無用の不条理な攻撃を受ける可能性があるということを前提としている。近代資本主義のお手本であり、デモクラシーを育ててきたアメリカの文化と、この弱肉強食の論理にはどんな整合性があるのだろうか。

ここでは、アメリカの銃文化の是非について論じたいわけではない。しかし文頭のライフル協会のスローガンの中に、私はアメリカの文化全般にわたるひとつの特徴的な思考傾向が潜んでいるのではないかと訝《いぶか》るのだ。そして、それは今日の新自由主義とそれを背景にしたグローバリズムの思想にも相通じるものがあるように思える。どういうことか。

一見合理的に見えるが……

新自由主義やリバタリアニズムの思想の根幹にあるのは、国家や一部のエリート官僚による市場統制や福祉システムといったものを徹底的に排除すべきであるというものである。それを先導したのはハイエクやフリードマンといった経済思想家である。かれらの経済思想から直接導き出されたわけではないが、すくなくともその大きな影響下で、個人は自己決定し、自己責任で行動し、自己実現を果たすべきであるという生活倫理が流通した。

国家や官僚の支配を排除して自由を手に入れるためには、弱肉強食のダーウィニズムを対置する以外にはないのである。「銃が人を殺すのではない。人が人を殺すのだ」という冒頭のスローガンもまた、この思想にフィットしているように見える。

しかし、ほんとうに、人が人を殺すのだろうか。確かに、人間は外的な規制によって突き動かされるのではなく、自らの欲望に対してより忠実に動いていく。では、この欲望はだれの中にも生まれながらに存在しているものなのか。人間が生きてゆく基本的な生存欲求は、確かにだれの中にも生まれながらに備わっているだろう。しかし、生存の与件を超えた欲望は、何らかの外的な刺激がなければ励起されないのではないだろうか。高度資本主義が実現してきたのは、生存の与件としての欲求を満たすことの次の段階、つまりは贅沢や虚栄や、羨望の的になることへの欲望を満たすことだった。これらの欲望は、もともと人間に備わっていたわけではない。

今より性能のよい車が欲しいから車を買い替えるのではなく、新車があるから今の車がみすぼらしく見えるのである。高度資本主義時代のマーケティング技術は、ニーズを満たすものをつくることではなく、ニーズそのものを作り出すことへと傾斜していった。

人を殺したいというニーズが、武器の発見なしに生まれるとは思えない。「人が人を殺すのではない。武器が人を殺すのである」。一見合理を欠くように響くこちらの言い方の方が人間の理解に届いており、信憑性があるように私には思える。

「銃が人を殺すのではない。人が人を殺すのだ」という言い方は、確かに合理的な言明ではある。ただ、人を殺したいという欲望が、生きている限り誰もが一度は持ちうるものであるとしても、実際に武器を持って人を殺すことと、殺したいと思うことの間には千里の径庭があることを見落としているように思える。人間の行動を規定しているのは、通常思うほど人間の自由な意志ではない。

欲望もまた自分の自由な意志では制御できないもののひとつであり、武器こそその欲望に具体的な形式を与えるもののひとつであるだろう。

一見合理的に見えることが、必ずしも合理的ではないことのひとつの事例が、ここにある。

教育をビジネスの言葉で語るな

時代を映し出す「言葉づかい」

時代の変化は、まず言葉づかいに現れる。

先日、NHKの番組で加藤周一の特集を見る機会があった。番組の中で、一九六八年のパリ五月革命と、プラハの民主化に対してソビエト軍が戦車で侵入弾圧した「プラハの春」の映像が流された。そこで、プラハ市街に侵攻してきたソ連軍兵士の肩に両手を置いて、何ごとか必死に説得するプラハ市民の姿が映し出されていて、大変印象的であった。番組ではその声は聞こえなかったが、あの時、あのプラハの市民はどんな言葉づかいをしていたのだろうかと思う。

パリ五月革命の熱気は世界中に広がり、日本においてもキャンパスでは日々、学生のアジ演説が聞かれることになった。その言葉づかいがどんなものであったか。私自身にも覚えがあるが、それは他者に対して意を尽くし、情理を尽くして説得するような言葉づかいとは程遠いものであり、虚空に向かって投げかけられた、どこにも届かない言葉ではなかったかと思う。政治的な時代には、敵と味方を峻別し、敵を打倒する政治的な言葉づかいが支配的になる。「プラハの春」から半世紀近くが経過し、西側だけではなく東欧にも市場経済が主流となった。経済の時代である今、ひとびとはどんな言葉づかいをしているのだろうか。

その市場経済の最先端に位置する日本はどうだろう。インターネットに氾濫する匿名性の言葉の群れ。中高生が年々生み出す仲間内だけに通用する造語。テレビが日々吐き出す、ギャグや定番的な宣伝文句。これらすべてが時代の価値観といったものに深く影響され、同時に時代の価値観に影響を与えている。

時代を変化させるもっとも手っ取り早い方法は、その時代を風靡するような言葉を作り出すことであり、それに抗《あらが》う方法もまた自らの言葉を奪還することだということを歴史は教えてくれる。多くの独裁者は言葉の力を利用してきた。政治家もそれを利用する。五月革命のときに学生が叫んだ「変革」という言葉。小泉元首相の「改革なくして成長なし」という言葉。バラク・オバマの「チェンジ」。

私は、九〇年代後半以降の時代の変化を象徴的に表す言葉づかいは、ビジネスの言葉づかいではなかったかと思う。それはたとえば、戦略、リスクとリターン、効率化、投資、自己責任といった言葉の束である。これらの言葉づかいは、仕事の中ではもちろんのことだが、日々の生活や、余暇の時間の中にも、遊びやスポーツの場面にも進入してきた。そしてビジネスの価値観から最も隔たった教育を語る言葉づかいの中にも、これらの言葉づかいは瀰漫《びまん》している。

教育における効率化とは？

安倍内閣のとき、いささか唐突に教育再生会議というものが組織された。唐突というのは、他の時代に比べて、今がとりわけて教育の現場に緊急かつ重大な問題があるようには、思えなかったからである。二〇〇七年に出された第三次報告書には、次のようなことが書かれていた。

世界的な「知」の大競争時代にあって、今、教育に投資しなければ、日本は、この大競争から取り残されてしまう恐れがあります。効率化を徹底しながら、メリハリを付けて教育再生に真に必要な予算について財源を確保し、投資を行うことが必要です。また、地域経済の疲弊や家庭の教育力、養育力の低下による教育格差も指摘されています。国は、職業的、社会的に、若者が自立できるよう、全ての子供、若者に確実に充実した教育を提供しなければなりません。このためにも、全ての子供、若者への投資が重要です。

ここで言われている内容の後段に関しては、私はほとんど異論がない。しかし、「効率化を徹底しながら、メリハリを付けて」選択投資をしなければならないという前段の文章には、今日の教育問題に関する考え方の特徴がよく出ており、その思考の構えには大きな違和感を持っている。

それをひとことで言うなら、ここで用いられているのは、ビジネスの言葉であって教育のそれではないということである。試みに、「教育」という言葉を「産業」と置き換えて報告書の文章をお読みいただきたい。いや、その方がよほど通りのよい文章になる。内閣が、教育改革を掲げて組織した機関による報告書が、制度設計や予算配分に関する議論に傾くことは止むを得まいと思う。しかし、私はそこに見え隠れする言葉づかいの無神経さを訝るのである。いったい、教育における効率化とは何を意味するのか。投資とは、誰が何のために、何を目的として行うものなのか。

この会議のメンバーに、現場の現職教師が一人だけしか含まれておらず、居酒屋チェーンで成功した企業の社長や、トヨタ自動車の会長などのビジネスマンや、大学経営者の名ばかりが目立つことにも、首を傾げざるを得ない。かれらに教育を語る資格がないということではないし、知りうる限り立派な経営哲学の実践者も含まれている。しかし、かれらは経営のプロで、その分野では業績を残しているかもしれないが、教育問題のプロではないし、教育の現場で何が起きているのかについて、ことさら見識があるとも思えない。教育再生会議のメンバーを見ていると、教育の問題とは、経営の問題であると考えているとしか思えないのである。

しかし、教育の問題と経営の問題は、原理的にも現実的にも異なっており、異なる文脈で考察され、解決策を模索されるべきであると私は考えている。経営の問題、あるいはビジネス上の問題とは、利潤の確保という現実的、即物的な目標達成のための処方箋を書き、それをひとつひとつ着実に実行してゆくことで解決されるべき問題である。

ビジネス上の投資とは、その投資額をどの位の期間で回収できるか、その投資によって現状のビジネスにいかなるメリットがあるのか、その投資が最終的にどれほどの利益をもたらすことになるのか、あるいはもしその投資が失敗するとすればそれはどのような要因によるのか、失敗のリスクの上限はどこまで許されうるのかなどを勘案して行われるものである。

そして、さらに重要なことは、投資を確実に回収するためには何が必要で、何をしなければならないのかを事前に勘定に入れておくことだろう。区切られた時間と、数値化できる利得とリスクの計算、インプットとアウトプットの関係についての明確なヴィジョンがなければ、投資行為そのものが意味を失う。ビジネス上の課題とはすぐれて、パフォーマティブ（遂行的）な課題なのである。だからこそ、効率が重視され、競争優位が戦略に組み込まれる。同時にこのような思考方法が適用可能な領域は、人間の諸活動のうちでは限定的なものであることを知る必要がある。

等価交換が成り立たない世界

人はビジネス上の損得や、等価交換的な取引だけで生きているわけではない。言い古された言い方だが、人はパンのみに生きるものではないからである。

私は、教育の問題は、効率というような用語では語りえない最たるもののひとつだろうと考えるものである。医療ビジネスや、冠婚葬祭ビジネスというものがあるように、教育ビジネスというものは確かに成り立つが、病気や、結婚、死というものがビジネスとは全く別の次元の人間的な課題であるように、教育もまたビジネスから最も隔たった課題であるというべきだろう。

病に倒れた隣人に何をなすべきか。一生の伴侶とどのように巡り合うのか。死の恐怖をどのように克服してゆくのか。人をどのように育てるのか。これらの問題の前では、費用対効果や、効率というタームで語られる尺度がまったく役に立たないと思ったほうがよい。これらの問題は複雑系であり単純ではないということとも、少し違っている。むしろ、そこではビジネスの要諦である「等価交換」の価値観が倒立してあらわれるということを理解しなければならない。

ひとがひとを愛するのは、相手との間で愛情の等価交換の契約が成立したからではない。むしろ、相互に不等価であるものを交換するとき、あるいはお互いのお互いに対する贈与なしには起動し得ないものを愛情と呼ぶのではないだろうか。馬鹿な子ほど可愛いという親の愛情は、子どもから返礼を期待するような思考からは生まれてこない。

教育もまた同じだろう。教育するものと、教育を受けるものとの間にあるのは、インプットとアウトプットが等価値であるような交換ではない。知識や、技術、判断力といったものが一方的に贈与され、教育を受けるものは「成長」という形で迂回的に「返礼」を行っている。

この「返礼」は、すぐに返ってくる場合もあるが、ほとんどの場合は人間の成長に要するのと同じだけ長い時間を経て返ってくる。誰にでも、青年期のある時期に教師や先輩から教えられた言葉や技術が、様々な体験を経た後にようやく了解されるようになったということがあるだろう。教育とはその字が示すごとく、教え育てることだが、同時に教えられた側がその種子を育てていくことでもある。重要なことは、このプロセスはマーケットのような単一の「場」で行われる短期的かつ直接的な交換ではないということだろう。教育ビジネスというものが、教室や、教員、教材といった教育機会を販売し、教育を受けるものがそれらに対して、月謝や教材費という形で支払いをするというのは、等価交換的なビジネススキーム内部での出来事かもしれない。

教育行政というものが、法律で定められた教育の権利や義務を正しく効率的に運用するものである限りにおいては、教育もまた他の諸活動と同じように、行政府の住民サービスと統治の言葉で語られることもあるだろう。

しかし、そのどちらもそれがなければ教育が成り立たないということではない。教育の中心的な課題はそれらのうちにあるのではないということである。

教育における百年の計を定めようと、教育基本法を改定したり、国家的な教育戦略を策定するというような場合に、教育がビジネスや行政の言葉だけで語られるというのは、素材の味や特質を知らずに、料理のメニューをつくっているようなもので、そこでつくられる料理は見かけは旨そうに見えても、すぐに飽きられる味気のないものにならざるを得ない。

料理の素材が生ものであるように、生徒もまたひとりひとり違う顔を持った生ものであり、料理が調理の現場で、生もののコンディションや性質と対話しながら行われるように、教育もまた生徒ひとりひとりの性質や状態を見ながら「現場」で行われるものである。

教育の現場に、ビジネスの等価交換的な価値観を導入してゆけば、利につながらない学問は必ず貶《おとし》められることになる。教育投資は、国際競争の場で勝ち抜くという形で回収されねばならないと考えるようになり、教育を受けるものもそれがキャリアパスにとって有益であり、かつ立身出世の武器になるものだけを選択するようになるだろう。

しかし、これを繰り返していれば、いずれ等価交換的な価値観でしかものを考えることのできない生徒を大量に再生産してゆくことになる。教育というものの恐ろしさは、先生が生徒に授ける知識と同時に、その授け方、方法、プロセスのすべてがそのまま生徒に授けられてしまうということである。私が教育を語る言葉づかいを問題にする理由はここに存している。

もし、現在教育の現場に問題があるとすれば、それは教育を語るにふさわしい言葉づかいを喪失しているということであり、投資して回収するといったモデルで回復できるような問題ではないのである。

テレビが映し出した異常な世界の断片

異常だと思えなくなっている異常

バラク・オバマが大統領に決まった夜、私はニュースか、特別番組を見るつもりでテレビのスイッチを入れた。しかし、その時間帯にニュースも、特別番組のプログラムもなかった。テレビを消せばよかったのだが、惰性で『爆笑レッドカーペット』というお笑い番組を見てしまった。私はこのようなくだらない番組が嫌いではない。意味のなさ、ナンセンス、くだらなさこそ、笑いのいのちであり、笑いこそしかつめらしく硬直した正義を相対化する発条《ばね》だからだ。ただ、この晩は少し複雑な気持ちになった。

番組そのものは、ショート・コントの連続で、ひたすら脊髄反射的な笑いに照準した芸が続いていた。これについても、ことさら異論があるわけではない。

ただ、確かに笑いは痙攣《けいれん》的なものだけど、痙攣的なものだけが笑いを作り出しているわけではないとは、言っておきたい気がする。ひねった解釈や、本歌取りの面白さや、風刺・諧謔の巧みさは、受け手の思考回路を揺さぶったり、ショートさせたりしながらおかしさ、面白さを生み出す。常識が揺さぶられて、おかしさが滲み出てくる。

痙攣だけの笑いには、どこか刹那的でやけっぱちなところを感じる。

近頃のテレビを見ていると、ドラマでもトーク番組でも、あるいはニュース番組でさえ、この脊髄反射的な反応を追う傾向が顕著で、それも常識の範囲を出ない定番的な笑いや、同情や、義憤だけで構成されているように見える。あるのは、「違った見方」ではなく、感情の強度の差異だけである。考える必要のない笑いだけが瀰漫しているのである。

お笑い番組では、無知や、くすぐりや、カン違いや、行き違いが誘い出す痙攣的な笑いを脈絡なくつなげる。確かに、それはそれで面白いのであるが（もちろんつまらないものもある）、滲み出るおかしさや、世界が反転するようなナンセンスに出会うことはほとんどない。番組は最初から視聴者にじっくりと楽しむことを求めていない。ただ、視聴者の日常感覚を揺さぶり、微細な差異を拡大して差別的な笑いを作り出す。身体的に感覚できるところまでの、微細な差別感情をくすぐって、集団的、共犯的な笑いを誘うような結構になっている。

そこでは、笑えない奴は、この微細な感覚に鈍感な奴であり、空気が読めない奴であるといった雰囲気に覆われた場が形成されている。

標的はいつも、空気を読めない、いけてない男であり、女である。笑う側と、笑われる側を隔てているのは、笑う側には集団的な価値観が共有されており、笑われる側はその集団的な価値観から逸脱しているという微細な価値観の壁である。確かに、笑いはいつの時代のものでも、どんなジャンルのものでも、この構造をどこかに持っている。

笑われる側が権力者や強者である場合もあれば、弱者である場合もある。前者なら笑いは風刺になり、批評になるが、後者なら集団的なリンチに近いものになる。

笑いに高級も低俗もへったくれもないという見方もあるが、自分たちの笑いを下支えしている集団的価値観にはいつも無批判でよいというわけではない。いや、こんな小難しい話をしたかったわけではなかった。私が考え込んだ理由はその先にある。

番組が終わり、そのコマーシャルを見ていたら、まずアコム、続いてプロミス、そしてアイフルと続いたのである。私は思わず苦笑してしまった。これらの消費者金融は、無批判な笑いの場に集まってくる若者を掬《すく》い取ろうと手ぐすねを引いているように見えたからだ。

ソフィスティケートされた貧困ビジネスである。苦笑しながらも、なんだか嫌な気持になった。貧困ビジネスのプロ達は、どこにターゲットがいるかよくわかっているのだ。大笑いして、すっきりしたところで金を借りてパーっと行こうじゃないかと言っているように見える。おまけに「借りすぎに注意」ときたものである。

私は、「吸い過ぎに注意」の煙草を吸いながら思ったのである。なんだか、異常な世界だが、誰もこれを異常だと思えなくなっている異常に私たちは囲まれている。

金融バブルが崩壊し、世界的な不景気にあえぐことになった二〇〇八年とは、まさに異常を、誰も異常と感じられなくなった時代の決算を強いられた年だったのではないだろうか。

幻想の終焉

蛇足ながら、テレビについてすこし振り返ってみたい。テレビが開局したのは一九五〇年代初頭である。間もなくテレビは、それまでの主力媒体であったラジオを完全に凌駕し、圧倒的な普及を果たすことになる。

テレビが爆発的に普及したのは、力道山のプロレス中継によるところが大きい。敗戦後の日本人にとって、アメリカ人をヒール（悪役）に見立てて、体力に劣る日本人が巨漢のかれらを叩きのめすという構図が、どれほどの興奮と爽快感をもたらしたかは想像に難くない。駅前広場の街頭テレビに大勢の人だかりができた光景を、私もかすかに記憶している。

以後テレビは、間もなくその全盛期を迎え、名実共に国民的番組となるNHK紅白歌合戦や、大相撲中継、長嶋が活躍する野球中継などに支えられて、常に日本の家庭の中心（茶の間）に座り続けたのである。この間、テレビは実質的にも象徴的にも国民的統合軸の役割を果たし、日本人はテレビを通じて同じ話題、同じ興奮を共有することになる。そして、六〇年に池田勇人内閣が所得倍増計画を発表し、六四年の東京オリンピックを挟んで日本経済も、高度経済成長の軌道に乗っていったのである。

当時のテレビを財政的に支えたのは、電気、機械、自動車といった経済成長を支えたものづくり企業や、生活に余裕のできてきた日本人のための食品、化粧品、ファッションメーカーのスポンサーシップであった。プロレス中継で、試合の合い間には、必ず三菱電機の電気掃除機がマットを清掃する光景が映し出された。まさに、テレビという娯楽と、高度経済成長を支えるこれらの産業の蜜月の時代であり、日本人が、経済的にも文化的にも、これから右肩上がりで成長してゆくことができるという幻想を共有できた時代でもあった。

テレビを通して、半世紀後の日本を眺めなおしてみると、隔世の感を禁じえない。もはや、視聴率七〇％を超えるようなプログラムは望むべくもなく、テレビは国民的な統合の象徴という役割を終えつつある。テレビを支えているスポンサーとして、当時の電気、機械、食品、ファッションメーカーの販促宣伝が、雑誌やインターネットへと分散していったのは、テレビがもはや国民的な統合の役割を終えつつある以上、当然の帰結であった。さらには、これらの企業が不況のあおりを受けて、真っ先に販促宣伝費自体を削減し、誰もが無料でアクセスできるテレビというビジネスモデル自体が揺らいできている。

それは同時に、日本の経済が右肩上がりで成長し続けるという幻想の終焉も意味しているだろう。

電通や博報堂といった大手の広告代理店がいかに奔走しようとも、もはやこれらのメーカーがテレビ文化を支えるために戻ってくることはないだろう。

そしてかれらに代わって、登場してきたのが保険、金融、とりわけ消費者ローンの会社というわけであった。そのことは、当然のことながら、これらの会社同士の国内市場での競争が熾烈《しれつ》であり、同時にこれらの会社には宣伝費に潤沢な資金を回せるだけの利潤があったということを意味している。

かれらスポンサーの影響は、直接的ではないにせよ、そして意識的ではないとしても、番組の内容に一定のバイアスをかけることになる。消費者ローンの借り手たちは、借金して市場からモノを買い、それがまた市場の活性化に寄与するという、アメリカでつい先日破綻したレバレッジ金融のモデルの残滓《ざんし》なのかもしれない。

アメリカでのオバマ大統領の選出は、アメリカが否応なくここ十数年の立国モデルを変更しなくては立ち行かない状況下で起きた出来事だと言える。経済危機の救世主として現れた、このアメリカ最初の有色人種大統領が、この先どのような政策を打ち出し実行してゆくのかは、まだよくわからない。さらにいえば、緊急財政政策や、アフガニスタンへの兵力増強が功を奏する保証はどこにもない。

市場原理主義的な政策を推し進めた結果、貧富の格差が拡大したが、富めるものが既得権を手放すことはそう易しいことではあるまい。また、持たざるものも、いったんレバレッジモデルの甘い汁を味わってしまった後に、生き方を改めるというのも簡単なことではない。

ましてや、ひとりの英雄が世界の生き方を変更できるような統一した幻想は、世界のどこにも存在していない。いや、もし、ひとりの英雄によって世界が救われるというような幻想を私たちが持ったとすれば、それこそ私たちの先祖の代から営々と築き上げてきた民主主義というものの根本を放擲《ほうてき》することであり、不幸の前触れだと言わなくてはならないだろう。

では、どうすればよいのか。具体策を示せと言われるかも知れない。私は、そんなものはどこにも存在していないと答えるしかない。ただ、ひとりひとりが、ここに至った問題が何であったのかを、見つめなおすために立ち止まる機会が今なのだとだけは言っておきたいと思う。

雇用問題と自己責任論

非正規雇用という問題

労働の非正規化が問題になっている（らしい）。らしい、というのは確かにそれは問題なのだが、それが程度の問題なのか、それとも本質的な問題なのかがよく見えてこないからである。

確かに、非正規労働者と正社員との間の収入格差が拡大しそれが社会問題になってきている。さらには、派遣労働やパートタイマーといった労働形態が、低賃金労働力として社会の底辺に固定化しつつある。格差の拡大とその固定化。これらの問題は長いスパンで見ていくと、市場の購買力を殺《そ》ぎ、社会の活力を失わせ、場合によっては秋葉原の事件のような、絶望的な暴発にまで発展する素因ともなりうる。もちろん、そんなことは一概に言えないという考え方もある。格差の問題と、労働の非正規化には確かに相関関係はあるかもしれないが、それが格差拡大の原因だというような因果関係が証明されたわけではないと。

多様な労働形態、つまりは多様な収入確保の方法は、消費社会においては多様な生活形態を可能にしてきた。都市化が進めば必然的に分業は細分化され、労働の形態も変化するだろう。収入の方法の選択肢が広がったわけであり、働き方を自由に選べるようになったといえなくもない。しかし、私には現在進行している労働の非正規化という現象には、どこか根本的に間違ったものが含まれていると思えるのである。

私は、労働の非正規化はふたつの視点で考える必要があると思っている。ひとつは、非正規雇用の労働者の側からの視点であり、もうひとつは雇用者、つまりは経営者の側からの視点である。これらを一緒くたに議論すると、現象として顕れている格差の問題のすべてが非正規労働に起因しているといった感情的な議論に陥る。

労働者派遣法が施行されたのは一九八六年である。この頃私は、渋谷で翻訳会社を経営していた。翻訳会社というのは、通訳やタイピストといった特殊技能者(当時は自由業と呼んでいた)を抱え込んでおり、派遣業とは密接な関係にあった。事実、翻訳会社から派遣会社へと職種を変えるか、兼業する会社は多かった。

私はしかし、他の派遣業から人を雇い入れることに対しても、自ら派遣業種に手を伸ばすことにも違和感があった。見解の分かれ目は、社員をどう見るのかというところにあった。言い換えるなら、人件費というものをどう考えるのかということである。

私は、人件費というものは、帳簿上はコストとして表現されるが、実質的には人的な投資であり、この投資への決断と社員への教育、適材を適所に配分することこそがマネジメントの重要な課題だと思っていた。その考えは今でもほとんど変わらない。しかし、これをただ単にコストとしてだけとらえれば、経営課題としてはそれを圧縮することだけが枢要な課題となってしまう。固定費を変動費に変えるという発想もそこから出てくる。人事という数値に還元できない困難な経営課題は、生産労働力の調整といった数量的な課題に変わる。経営者がこの誘惑に打ち勝つのは易しいことではない。経営者が誘惑に負けたといって、それを指弾することに意味があるとは思えない。私にしたところで、会社が切羽つまれば、合法的である限りやれることは何でもやるだろう。

労働者側から見た場合はどうなのか。労働者派遣法が施行された前年には女性差別撤廃条約が批准されている。男女の均等な雇用機会と、自由なワークスタイルというものは、消費社会において自由に時間を使い、自己実現したいと考える時代の若者が自らすすんで選び取った選択でもあった。共同体的なしがらみや、年功序列といった不透明な賃金制度に対して、非正規労働というワークスタイルは技能と対価の、透明な等価交換システムに見えたのである。一見合理的なこの等価交換システムを時代も若者も半ば自ら選んだというところに、この問題の難しさがあると私は思う。

的外れの自己責任論

アメリカで金融破綻が起こり、その影響が日本の実体経済におよびはじめると、大手企業はつぎつぎと期間業績を下方修正し、二〇〇八年の年末には期間従業員、派遣従業員の大量解雇を発表した。突然解雇された従業員は、寮から退去せざるを得ないものもあり、社会問題化した。NPO団体が中心となって、日比谷公園に避難所としての「年越し派遣村」が設置され、マスコミは大きくこれを取り上げた。年が明けて、この間の問題に関して、テレビなどで企業を擁護する側からの反撃が開始され、その中で「派遣村」は実体を反映したものではなく、政治的なプロパガンダであるといった意見を述べるものもあった。

その中で、企業を擁護するコンサルタントや評論家、そして一部の経営者が、派遣労働者は自らその働き方を選んだのであり、その働き方が不安定であることを承知していたはずなのに、リスク管理を怠っていたから今のような状況に甘んじなければならなくなるのだという自己責任論を持ち出した。

それに対して、労働者側からは、自己責任論は、企業の責任の放棄であり、自己を正当化するためだけの詭弁であるという反論がなされた。

私は、この問題をどちらに正義があるのかというような二項対立的な捉え方をしていたのでは、問題の理解には届かないと思っている。この場合の自己責任論は、それが正しいのか間違っているのかではなく、まったく的外れであるということを指摘すべきなのだ。

派遣労働者の中には、やむなく選択させられたものも多いが、自ら選んだものもあったはずである。リスク管理に思いが至らなかったものもあっただろうし、現実には生きていくのに精一杯でストックをすることなどできはしないというのも事実であっただろう。もちろん人間だから、真面目に働くものもあれば、いい加減な奴もいる。しかし、だから何だというのだと私は思う。そんなことは当たり前のことではないのか。

労働者が自己管理ということに敏感であろうがなかろうが、あるいは企業経営者の経営倫理がどうであれ、もし労働力というものが商品と同じように必要なときだけ必要な分だけ手に入り、不要になったら返却できるようなシステムがあれば、（一般的に言って）企業がそのシステムから受け取る利益の誘惑に抗しきることなどできないだろう。会社とはそういうものであり、それ以上の企業倫理を、今のシステムを温存したままで会社や企業経営者に求めるのは筋違いというものだ。同時に、派遣社員に対して自己責任を求めるのも、まったくのお門違いの要求である。

この問題を考えるためには、企業とは何であり、社会の中でどのような役割を果たすべきかというところまで思考のリーチを伸ばす必要がある。また、この問題を解決してゆくためには、企業が短期的な利潤確保のために労働力の商品化を推し進めてゆくことが、中長期的には企業の力を弱め、市場の活力を失わせ、永続的な活動に重大な支障をもたらす（だろう）ことに、論理的な根拠を与える必要がある。

アダム・スミスを持ち出すまでもなく、企業とは利潤獲得のために利己的にふるまう生きものであり、私たちの社会はそのことに対してすでに同意を与えてきたはずである。だとするならば、利潤獲得のための利己的な行動と、労働者の利益が協同するシステムを見つけ出さなければならない。そして、そのために経営者も労働者も、同じ企業社会という生態系の中で生きているという論理を作り上げることができるかどうかが、いま問われていることなのである。

砂上の国際社会

中国四川省地震が問いかけていること

私事に関わるつまらないことはよく覚えているが、自分と直接的にかかわりがなければ、大きな問題もすぐ忘れてしまうのが人間というものである。ましてや外国で起きたこととなれば、どれほどの重大な事故や事件も、人の噂ほどにも記憶に止まってはいない。二〇〇八年五月十二日、中国四川省で最大級の地震が起き、死者は六万人を超える大惨事となった。

事件の重大性を死者の数に還元することで、その本質を見誤る場合があることは、勘定に入れておく必要はあるが、イラク戦争での米兵の死者総数が四千人余、阪神・淡路の震災での死者数が六千四百人余であることを考えると、六万人以上の犠牲者を出した四川省の地震がいかに甚大なものであったかは想像に難くない。

瓦礫の山の中に沈んだ村の映像を、ニュースで見ていると胸が詰まる。

以前、オリンピックに触れて、中国の現在の人権問題も確かに問題だが、そういった政治的統治システムが孕む問題とは別に、オリンピックを挟んで大きな問題が進行しつつあることを見落としているのではないかと書いたことがある。

「東京オリンピックが日本にもたらした功罪というものがあるとするならば、人口が十倍の中国のオリンピックの功も罪もまた十倍の規模になることを、リアルに思い描いて北京オリンピックを考想している中国人の顔も、日本人の顔も見えない」

中国の現在と将来について考えるとき、この、規模の悲喜劇といったことについて、私たちはもう少し想像力を働かせた方がよいと思う。

もちろん、私は、四川省で発生した地震について、その被害の規模が十倍になったということを言いたいわけではない。地震の映像が伝えてきているのは、その被害のとてつもない大きさだけではない。あの国に進行している圧倒的な富の不均衡、非対称である。

あれだけの巨大国家が急速に市場化・都市化しようとしているのだから、過渡的な富の不均衡や混乱が生じるのは、ある意味では止むを得ないことなのかもしれない。中国の十三億の民が、かつての日本のように一億総中流といわれるような時代がくるまでには、相当な時間がかかるに違いない。いや、その前に果たして中国は近代化、都市化がもたらすだろう社会の激変を、無事に乗り切っていけるのだろうか。つまり、「過渡的」である不具合が、ある一定の規模を超えたときに、もはや「過渡的」なものではなくなるというリスクを考えておく必要があるということである。

近代化といい、都市化といい、過渡的な転換過程においては、人々が平安かつ幸福でいられる明るい部分以上に、不安と混乱、不均衡と格差が拡大する陰の部分が問題となる。

現在すでに圧倒的な富の偏在、格差がある段階で、急速に市場原理主義的な思想が都市部を中心に広がっていることの危険性を、政治家も、中国ウォッチャーもどこまでリアルに思い描けているのだろうか。

この問題は、一億数千万人かの富裕層の消費動向が、世界的なエネルギー消費にインパクトを与え、環境破壊を進行させるというような、ややファクターのあいまいなリスクとは明確に異なる問題であると、私は思っている。すでに近代化、都市化を成し遂げた、西欧先進国、北米、日本などが進めてきた市場経済中心主義というものが生み出している様々な問題、とくに欲望の暴走に伴う商倫理の劣化や、格差の拡大、貧困の再生産といった問題が巨大な規模で生じるという事態が目の前に現れているということである。

一億総中流の国であった日本が、中曽根民活から始まって、小泉、安倍政権のもとで推進してきた市場原理主義的な政策の下で、中流の多くは、下流へとシフトし、低所得者層は、さらに厳しい状況へとおしやられ、平均値としての経済は浮揚しても（いや、それも不確かだが）、全体としては貧富の二極化が進行したのは疑いのない事実だろう。国民の貯蓄水準はこの数年で著しく減少している。

それでも、日本においては、一度は一億総中流といわれた富の平等分配が基盤にあっての市場化であったから、弱肉強食の市場競争が進んでも、かつての中流層に富の糊しろが残されていた。しかし、中国においては、未だに中流層が確立しないままに、人数としては日本の十倍の規模で、富の不均衡が拡大し続けているのである。

堤未果の切実なルポである『貧困大国アメリカ』（岩波新書、二〇〇八年）には、民営化という名前のもとにおこなわれた「貧困ビジネス」の実態がリアルに描かれている。

そこでは、一部の富裕層が自らの富を拡大再生産するために、貧困層からなけなしの生活費を搾り取る新しいビジネスと、それに基盤を置く社会経済システムが浮き彫りにされていた。その荒々しい手法が顕著に顕れたのが、貧困層をさらなる困窮に追いやったサブプライム・ローンであり、瑕疵が露見したのが、FEMA（連邦緊急事態管理庁）の実質的民営化によるコスト削減政策によって、被害を拡大させたハリケーン・カトリーナの事例であった。

アメリカは、ニクソン時代の福祉重視政策を、レーガノミクスによって効率重視の市場主義に変更した。そのお題目は、大企業の競争力を高めることで不況にあえぐ国内経済を浮揚させ、その富の配分が雫《しずく》のように労働者に落ちてくるというものであった。

しかし、結果としてアメリカで起こったことは、安価な外国労働力に負けた国内製造業の衰退とそれに続く労働者の失業であり、中間層が貧困層に転落し、貧困層をさらに厳しい状況へと追いやることであった。十八歳以下の貧困児童率は、二〇〇〇年から二〇〇五年までの五年間で一一％も上昇したとデータは告げている。

一九六四年の東京の風景

ここで、時計の針を東京でオリンピックが開催された一九六四年まで戻してみたい。当時私はまだ紅顔の中学生で、詰襟を着て、代々木のオリンピック陸上競技場の会場にいたはずである。マラソンを実際に競技場で見ていたのである。

うす曇りの空の下（私の記憶では強い日差しはなかった）、一団の集団が競技場を出て行った。アベベという哲学者の風貌をもった稀有のマラソンランナーが先頭で競技場に戻ってくるまで、トラックとフィールドで何が行われていたのかの記憶はきれいに消えている。私の注意は、時折トランジスタラジオが伝える実況に注がれていた。日本人の円谷幸吉が、二番手を走り、トップのアベベを追走していると、ラジオは伝えていた。

後に、「記録か芸術か」でちょっとした議論を呼んだ市川崑の『東京オリンピック』を見ると、アベベはほとんど追っ手を意識することなく、ただまっすぐに前方を見つめ、いや、もっと遠くの何かを見つめながら振り返ることなく走り続けていた。それは、過去も現実も振り返るためにあるのではないといった草原の走者の哲学のようでもあった。

この映画に脚本スタッフとして関わったのが詩人の谷川俊太郎である。アベベの走りは、谷川俊太郎の詩のように、孤独で美しかった。『二十億光年の孤独』を走り抜ける覇者。

そこには、競技というよりは、遠い異邦の儀式のような荘厳さがあった。祖国のエチオピアで走っていたのと同じ走法で、急ごしらえで近代化した東京の町を走っていた。かれがゴール・テープを切り、儀式の終わりにいつもしているかのように呼吸を整える屈伸をして、普段のアフリカ人の顔に戻った頃、円谷が二番手でスタジアムに帰ってきた。

しかし、そのすぐ後ろにはイギリスの選手が迫ってきていた。トラックで円谷はその選手、ヒートリーに抜かれ、精根尽き果てたという様子で、ゴールに到着した。メダリストになったのに、本人にもスタジアムの観客にも爽快感というよりはくすぶったような寂寥《せきりょう》感が残った。

知られるように、後に円谷は悲痛で美しい遺書を残して自殺し、アベベもまた、事故で下半身不随になるという不幸に見舞われた。ヒートリーは、どのような人生を送ったのだろうか。

あれから四十年以上が経過し、ここに登場してきた人々の祖国の様子も大きく様変わりした。オリンピック以後日本は急速に経済発展を遂げ、世界第二位の経済大国になっていった。ヒートリーのイギリスは、世界金融システムの破綻によって国家存亡の危機という経済不況にあえいでいる。

アベベのエチオピアは？　一九七二年に大旱魃があり十万人が死亡、翌年にはオイルショックが直撃して物価が高騰。国民の不満を背景にして陸軍の反乱が起き、臨時政府が樹立され、社会主義国家となった。七七年に大統領となったメンギスツは独裁制を敷き十万人を粛清した。さらに九五年にはメンギスツは追放されて革命政権が樹立され、ついでエチオピア連邦民主共和国ができる。九八年にはエリトリアとの国境紛争をきっかけに戦争が勃発、二〇〇〇年に国連安保理がＰＫＯを派遣することになる。めまぐるしく政治体制が変わっているが、国内の政治情勢は依然として混乱しており、経済は当時も今も世界最貧国のままである。

国も人も四十年を経れば大きく様変わりする。しかし四十年経ても、地域間格差は固定化されたまま残存し、貧困国はその状況から抜け出すことができない。

中国のゆくえ

話を中国に戻そう。中国がチベット問題、つまりは民族問題を抱えていることは誰もが知っていることである。それが人権問題として大きくクローズアップされたのは、オリンピックを前に、チベット仏教徒による示威行動が暴動に発展し、中国政府がこれを暴力的に弾圧する映像が世界に流れたからである。私は、この問題を、「国際社会」が作り出した最強のイデオロギーである、人権問題として中国政府を指弾するということに、どこか違和感を覚えるのである。

たしかに、中国政府は人権よりも国威発揚を優先させる政策をとっている。中国政府にとっては、この暴動がひとりチベットの問題ではなく、多民族を抱え込んで巨大な実験国家を運営するという、人民統治の根幹に関わる問題である。それは、中国政府にとっては、国際的な問題というよりは歴史的な国内問題なのである。

だからといって、私は中国政府の統治システムを擁護する気はないが、中国のオリンピック開催を人権問題とからめて指弾する気にはなれない。それは、北京にオリンピックを誘致する以前からあった問題であり、人権問題そのものはアメリカやヨーロッパ、日本などの先進国家の中ではすでに解決された問題でもない。イラク人民の人権を擁護するという名目で、イラクを空爆し、非戦闘員を殺戮しているのが現実である。外交カードとして用いられる「人権」という言葉の中には、人間の生活や素顔が払拭されている。国威発揚といったナショナリズム的感情に突き動かされて、チベット支援の人々を攻撃している中国人の顔を見ていると、私はなんとも言えぬ複雑な気持ちになるのである。

それは、あの一九六四年に、「国際社会の一員」となるために、ひたすら東京の景観を破壊し、近代化、市場化への道を進んでいった自分たちの顔を思い浮かべてしまうからである。

「昭和が明るかった頃」と関川夏央は書いている。たしかに、それ以前の日本は、貧しいながらも、貧しさを分け合って安定した明るさがあった。東京オリンピックとは、まさに、日本が背伸びをするために、「清く貧しい」東京を、清潔でモダンな東京に変貌させるための破壊と創造であった。

そのとき破壊したのは、古い町並みだけではない。まさに貧しさを分け合うことを可能にしていた農村的な共同体も破壊したのである。温帯モンスーンに位置する農業国家が、大戦で荒廃した国土を建て直し、一気に都市化するためには、東京オリンピックという儀式が必要であった。そして、それを実現するために動員されたのは、近代化した市民としての日本人ではなく、村落共同体的な一体感を持った日本人であった。つまり、ナショナリズムの後押しが必要だったということである。国際社会の一員となるというのが、それであった。

当時の日本の生活者にとって、オリンピックはほんとうに必要な行事だったのだろうか。そんなはずはあるまい。戦後十年で、日本は敗戦の荒廃を建て直し、順調な経済発展を続けていたはずである。

ただ、国際社会の一員となるというスローガンは、衣食足りはじめた当時の日本人の心性を刺激するには十分な言葉だった。私の記憶の中にある当時の日本人の顔は、いまオリンピック万歳と叫ぶ中国人の顔に酷似している。

私はオリンピック以前の日本がよかったとか、近代化がいけないとか言いたいわけではない。まして、チベット人民を弾圧している中国共産党政府には、やむを得ない事情があるといった擁護をしたいわけでもない。

人間の社会が都市化へ向かって進展してゆくのは自然過程であり、快適で清潔な生活へ向かう欲望を否定することなどできはしない。国威を発揚するオリンピックは、その近代化を加速させる絶好の機会でもある。オリンピックが牧歌的なスポーツの祭典に戻ることもまたできないだろうと思う。

それでも、東京にオリンピックはいらないという人間の顔がほとんど見えなかったように、北京にオリンピックはいらないという中国人の顔が見えないということは、考える必要があるだろうと思う。東京オリンピックがそうであったように、北京オリンピックもまた国威発揚の場となり、国際社会の一員となった中国は大きくその国柄を変えてゆくことになるだろう。ただ、その変化のスピードはもっと加速されることになるだろうし、その行方には大きな暗雲が垂れ込めているように思えるのである。

繰り返しになるが、東京オリンピックが日本にもたらした功罪というものがあるとするならば、人口が十倍の中国のオリンピックの功も罪もまた十倍の規模になることを、リアルに思い描いて北京オリンピックを考想している中国人の顔も、日本人の顔も見えない。中国共産党にとっても、少数民族にとっても、オリンピックが成功裏にすすむかどうかは、ほんとうはたいした問題ではない。

直接的にか、間接的にか、あるいは何かを迂回して、「かれ」と出会う

チベット問題という政治問題と四川省大地震という天災を経て、中国が、二ヵ月後に迫

ったオリンピックという近代化プロジェクトの最終的な仕上げを行っていたまさにそのとき、すでに近代化を終え、爛熟した市場経済を謳歌しているはずの日本の中心で、忘れられない、忘れてはならない事件が起こった。

その事件は様々に解釈され、また様々に解釈されるような時代状況の中で起きたが、私には、当の事件そのものが、どこかで解釈されることを拒んでいるかのように思えてしかたがなかった。私にできることは、この事件をどれだけ切実なものとして記憶し続けられるのか、そのためにはこの事件をどのように考えたらよいのか、と問うことだけであった。もし、この事件を解釈すれば、おそらく私も、多くの人々もこの事件を忘れ去ってしまうことになるという思いがあったからである。

その事件とは、「秋葉原連続通り魔事件」と呼ばれることになる事件のことである。

東京はその事件が起こる数日前に梅雨入りしていた。「よいニュースというものは小さな声で語られる」。事件を聞いて最初に浮かんだのは、村上春樹が『ねじまき鳥クロニクル』の中で言っていたこの言葉である。前日の晩に、翌日のお天気を気にかけながら、この作品を再読していたからかもしれない。

事件当日、私は幸運にも晴れ上がったゴルフ場にいた。自分が関係している会社のゴルフコンペに参加していたのである。秋葉原事件の容疑者もまた、まったく別の理由でお天気を気にしていたかもしれない。しかし、それが幸運だったとは誰にも言えない。

事件直後、多くの知人や友人から私の携帯電話に、安否を尋ねる電話がかかってきた。私は、この事件の現場のすぐ近くで会社を営んでおり、いっときその会社に住み込んでいたことがあった。事件の現場は、普段、毎日私が行き来する通り道なのである。電話の向こう側の声は、ひょっとして、お前は「そこ」にいたのではないか、事件の被害者になっていないかと心配してくれていた。幸いというか偶然というか、私は「そこ」にはいなかった。ただ、「そこ」は私がよく知っている場所であった。そして、このときのニュースは、「そこ」に仕事場を構えて以来、最も「悪いニュース」だった。これ以上にない悪いニュースはどのような声で語られるべきだろう。私にとっては、そのことが事件の真相以上に重要なことのように思えた。何故そんなふうに思ったのか。それについて、私は何度かブログで感想のようなものを書いた（理解のために、言い回しや漢字など一部を修正して掲載する）。

＊

二〇〇八年六月九日のブログ

すでに、報道されているように、日曜日、俺の仕事場から目と鼻の先で凶行があった。

俺が毎日通っている交差点である。やりきれない事件である。被害者の無念に関しては、言葉がない。

テレビのニュースを見て、新聞を読んで、関係者の証言や、心理学者の解説を聞いているのだがほんとうは何が起こったのかということがよくわからない。加害者の「かれ」の中で何が起こったのかがよくわからないのであり、被害者と加害者の間にある落差のなかに、何があるのか（あるいは何がないのか）がよくわからないのである。

残虐非道の加害者と無辜《むこ》の被害者。切れる性格と、挫折、苛立ち。会社でのトラブルと、社会への呪詛。チェックが甘い銃刀法。自己顕示欲とバーチャルな世界。劇場としての秋葉原。身勝手な行動が引き起こした憎むべき犯罪。ニュースは、そう伝えている。

加害者の生い立ちや家庭環境が、解剖学者のような手つきで暴かれる。それでいいのか。それで、この事件が説明できるのか。この事件の背後にある闇が見えてくるのか。

俺はそうは思わない。こういった常套句は、何も解き明かしはしないと思っている。ニュースのキャスターも、新聞も、識者も自分たちは可能性としての被害者であるという立ち位置から自由になれない。ここに欠如しているのは自分たちが、どこかで、何らかの行き違いや、思い込みや、あるいは必然によって加害者である「かれ」になり得たかもしれないという可能性としての加害者の視点だろう。

少年時代の「かれの顔」と凶行へ至る「かれの顔」との間にある落差とは何だろう。「かれ」が失ったものは何だろう。おそらくそれは、常識、良心、想像力、社会性といったものではない。「かれ」に過剰だったものとは何だろう。被害者意識、暴力性、破壊衝動。それらは原因ではなく、事後的に拡大された兆候であり、誰にでもあるものに過ぎない。

確からしいことは、「かれ」は俺たちがまだ見出せていないような「必然」によって社会とのつながりから切断された存在になっていたということだけである。その「必然」が見えなければ、この事件は被害者と加害者というような明確な輪郭を持ってはいても、加害者の中に広がっていった闇については何もわからないままである。もっと言うなら、その闇の意味を見出せないままに書かれた「再発防止」の処方は、その闇を隠蔽し、広げるだけだと、俺は思う。

*

私が事件の現場に立ったのは、事件から三日後である。いつものように、秋葉原で降りて、いつものように駅前の広場を横切り、事件現場となった交差点にさしかかる。外面的には、いつもと違うのは、献花台が二箇所に設けられており、その前で手を合わせている人たちに向けて、報道陣がカメラを構えていたことぐらいである。

しかし、何かが決定的に違っているように私には思えた。いや、違っていなくてはいけないような気がしたのである。「そこ」はいつもの、無国籍風な無秩序が吹き寄せられたような騒々しい交差点ではなかった。確かに自動車の騒音も工事の音もいつもと同じだったが、全体として空間を何かひっそりとした冷気のようなものが支配していた。「そこ」はいつもと同じ場所だが、六月八日以前の祝祭的な場所には戻ることができない。今日も、これから先も永遠に喪が明けることがない場所。

それからの二週間、私は以前とは違う気持ちを抱きながら、以前と同じように毎日この交差点を通ってオフィスに通った。そして、自分の気持を整理するためにも「そこ」で何があったのかをもう一度自分の言葉で考える必要があると思ったのである。

＊

六月二十六日のブログ

あれから三週間が過ぎ去った。最初、俺はこの事件について、どのように語ればよいのかよくわからないと書いたと思う。それは今でも同じである。こういった事件について何事かを語ろうとすれば、それは必ず語り足りないか、語りすぎるかのどちらかになるからだ。それでも、この事件は俺の毎日通っている交差点で起きたのである。

俺はすこしだけ、あの町に住んだことがある。俺は「あの時」何故、あそこにいなかったのか。もし、いたとすれば、俺はどうしただろうか。そう思うことがある。いや、よくそう思う。

いまでも、献花台には多くの花が供えられ、人々が手を合わせている。座談会のときに浄土真宗の釈徹宗さんが言っていたように、折に触れ、何度も語り、この事件の中にすこしでも希望というものがあるのなら、その物語を紡ぎださなければいけないということである。

マスコミは、こういった事件の再発を防ぐために真相・原因を徹底的に究明しなければならないと言っていた。テレビ朝日の古舘キャスターも、日本テレビの村尾キャスターも、朝日新聞も、毎日新聞も、読売新聞も。いつものストックフレーズである。

三週間が過ぎて、もうあまり、この事件について報道しなくなった。ひと月が過ぎれば、もう裁判まで誰も報道しないだろう。それは、最初からわかっていたことだ。どんなに力んでみても、マスコミの公式見解はこのストックフレーズから外へは出て行くことができない。

俺はこの「真相究明」という言葉自体に大きな違和感を感じた。その違和感のよってきたるところを手探りで引き寄せたいと思った。真相の究明、原因の究明。それは何を意味しているのか。それが含意しているものに無意識であるような言葉にこの事件を語る資格を与えてよいのか。

たとえば、そこにはこんな言葉が与えられるのかもしれない。犯人の異常性。特異な家庭環境。格差社会。派遣労働の問題。秋葉原の特殊性とバーチャルな世界で拡大した自我。いずれも、いくぶんかはこの事件を構成した要因のように見える。

しかし、そのどれかひとつを取り出して、これが原因であるといった瞬間に、この事件の持つ最も重要な意味は蒸発するしかないように俺には思えるのである。

真相の究明は、審判の役割であって、俺たちの役割はもっと別のところにあるのではないのか。殺されたのは友人になりえたかもしれない人たちであり、殺したのは不可解な隣人だったかもしれない人間である。俺たちはかれらの可能性としての隣人ではあっても、審判官ではないのだ。

「犯人の異常性」と言うことは、自分は正常であると言うことと同じである。「格差社会のひずみ」と言うことは、自分はその格差社会に加担した覚えはないと言うことと同じである。極端な言い方であることは承知した上で言っている。しかし、それを言った瞬間に、自分とこの事件をつなぐものは切断されるほかはないように俺には思える。

たとえば、体の具合が悪いときに、病院へ行く。胃潰瘍であるとの診断が下る。そのとき患者は、すこしだけ安心するかもしれない。癌ではなかったからである。あるいは、もっと他の見えない重要な病根によるものではなかったとわかったからである。胃潰瘍であるならば対処の方法が見つかる。胃潰瘍という診断は、病根の名指しであると同時に、身体全体の他の部分は無事であったということを意味している。

今回のような事件の場合、原因を名指すことの意味もこれに似ている。異常な犯人。それは、自分も自分たちの社会も、犯人とは別であるということを確認して安心を得るということである。自分と犯人との間に、明確な線を引くということを含意している。

原因究明とは、ひとつの事件を合理的に解釈し、それを全体から切り離して対処するための方法なのである。異質なもの、異常なものを摘出することで、全体を保守するということだ。

この考え方の前提になっているのは、全体は健康であるという信憑である。合理性への信仰の土台には、全体への信憑が隠されている。もし、全体が病んでいるとするならば、この方法はまったく意味をなさない。

これとは、まったく正反対のやり方というものがある。それは、事件とそれを構成したもののすべての特殊性に目を向けるのではなく、それらと自らの同質性に目を向けるということである。自分と犯人、自分と被害者、自分とこの社会がどこかでつながっているのかを反芻するということである。直接的に、あるいは間接的に、あるいは何かを迂回して、この事件は自分の中の何かとつながっていると考えてみる。

自分は犯人になり得たかもしれないし、同時に被害者になり得たかもしれない。自分たちはこの社会を作ってきたが、別の社会を作り得たかもしれない。すべてが、どこかでつながっており、そのどれも、自分と切り離すことで、自らの無謬性《むびゅうせい》や、無垢を確認することなどできないと考えてみる。

今回の事件の中にもし救いがあるとすれば、それは、犯人や、格差社会や、ゲーム感覚といったものと、自分たちや、自分たちが属しているコミュニティや社会を切り離すことができるというところにあるのではなく、すべてがつながっているにもかかわらず、自分たちは生き残っているということだけである。

残酷な救いだ。

自分は、「あの時」暴走するトラックを運転しておらず、あの駅に降り立たず、あの交差点を歩いていなかったのは、自ら意図して選び取った賢明な選択の結果ではなく、ただ、たまたまそうなったということなのだと思うべきなのだ。

もちろん、そんなことを思ったからといって、何か解決できるわけではない。ただ、「そこ」が起点であり、「そこ」から考えなければ何も解決することはないということだけは確かなことのように俺には思えるのである。

犯人は社会から切断されたと思っていた。被害者は、唐突に世界から切断されたのである。

俺たちは、この事件の真相を究明することで、再度かれを社会から切断しようとしている。そうではなく、犯人と被害者と、俺たち自身をもう一度どうやったらつなぎなおすことができるのかを考えてみる必要があると俺は思う。

そのうえで、この事件「まで」の、文脈の全体（市場主義社会といってもよい）を書き換えることができるのかと問うてみる必要がある。ほんとうにそう思う。

＊

このブログ以外のところでも、私はこの事件について何度か発言しているが、言いたいことは、前掲の二つの日付のブログで尽きている。もちろん、何か原因を特定できたわけでもないし、特別な解決策を提示できているわけでもないことは承知している。

ただ、この種の事件があったときに、必ず言われる常套的な言葉、つまり「犯人の犯行は絶対に許すことができない。その上でこの事件の原因を考えてみたいのだが……」という語り出しは、今回の事件に限っては全く無効であり、むしろそのような自己と自己の社会（市民社会）が持つ倫理規定の無謬性を疑わないような視線こそが、この犯罪の根底に潜んでいるということだけは言っておきたかったのである。

刀折れ矢尽きたような加藤容疑者の逮捕のときの映像を見ていると、私は「許さない」とか「許す」とかいうような言葉づかいで容疑者を断罪する気持ちには到底なれない。ブログの言葉を繰り返すなら「直接的にか、間接的にか、あるいは何かを迂回して」加害者と被害者と自分自身の間に隠れているつながりを何度でもたどり直す以外に、この取り返しのつかない事態を取り返す方法はないように思えるのである。

終章　本末転倒の未来図

こどもが描く未来図

こどもの頃、私は身体を動かすのが大好きな落ち着きのない悪ガキだったが、絵を描くことも大好きだった。とりわけ、「未来の東京」といった題材は私を魅了した。モノレールが高層ビルの間を走り、高速道路がクローバーのように交差し、美しいループを描いている未来都市。

あれから半世紀が経過して、東京の景観、例えば赤坂見附あたりの高速道路とビル群と掘割がつくりだす光景は、私がこどもの頃描いた絵とほとんど変わりがないように見える。ひとつだけ違いがあるとすれば、私の絵のなかでの東京は光り輝く未来都市だったが、半世紀後の実際の東京は少々くたびれ、薄汚れているように見えることである。しかし、それでも東京は、ニューヨークやロサンゼルスと並んで、人間が作り上げた最もエネルギッシュで、文明化された都市であることに変わりはない。

少年だった私は、未来を見通す透視力で、あれらの絵を描いたのだろうか。いや、そんなことはない。実際のところ、まだお尻に蒙古斑の残っているようなこどもに未来を考想するなどということはできまい。ほんとうは当時、自宅に毎月配達されてきた科学画報の口絵のイメージを、自分なりにアレンジしたり、誇張したりして味付けしただけの話である。私は自分の過去の体験（画報を読み耽ったという体験）を引き伸ばして未来図を作り上げたに過ぎない。

このことは、私に二つの重大な（と私が思っている）ことを想起させる。ひとつは、多くの人間は、未来を思い描いていると思っているが、実はただ自分が知っている過去をなぞっているだけなのではないのかということである。ちょうど私が、数ヵ月前の雑誌の口絵をなぞりながら、未来図を描いたようにである。私たちにとって未来とは、成長を成し遂げてきて現在に至ったというその成長の残像を、未来に引き伸ばせばそれでよかったのである。こどもの私は、そのときまだ日本の社会が、社会発展史のどの段階にあるのかについて何も知りはしなかった。ただ無邪気に、目に焼き付けられた未来図の残像を信じていたのである。

経済成長を至上の命題として、経済政策をつくりあげようとしている今日の政策担当者の場合はどうだろうか。かれらもまた、戦後六十年の経済成長の残像を、ただ未来に引き伸ばしているだけではないのか。人口減少社会に突入した現在の社会というものがほんとうに見えているのだろうか。

もうひとつの重大なこと。確かにこどもだった私は、過去を参照しながら未来図を描いた。しかし、それでも未来図は未来図である。そこには当時の私たちの生活を一変させる便利さとスピード感、合理的な美しさがあった。それは、当時はまだ改善されるべき不便や不合理が、身のまわりに、街のいたるところにあふれていたということを意味している。

あれから半世紀、高度消費資本主義社会の最先端を走ってきた私たちの国において、産業の発展が解決し得るような不便、不合理というものが、どれほど私たちの身の回りに残っているのだろうか。私にはむしろ、利便性や贅沢の過剰が、処理しきれないゴミとなって人間の社会を圧迫しはじめているように見えるのである。インターネット空間の八割を占めるといわれるジャンクメールは、そのひとつの表れかもしれない。

私が未来図を描いた時代とは、私自身がこれから成長してゆくとば口に立っていたように、私をとりまく世界もまた成長のとば口にあったといえるだろう。このことは案外重要なことだ。

そして、私は思う。果たして今のこどもたちはどのような未来図を描くのだろうかと。

リドリー・スコットの『ブレードランナー』や、リュック・ベッソンの『フィフス・エレメント』が描いた未来都市の姿は、今の東京の姿とあまり変わらないように見える。確かに空飛ぶ流線型の飛行体や、奇妙にメタリックな服装は目に付くが、そのどれもがことさら目新しいものではなく、すでにあるもののバリエーションに過ぎない。

私たちは、これらの映画を見ながら、輝く未来なるものが実は合理を欠いた無理筋であることをすでに知っているのである。交通渋滞や排気ガスによる公害といった文明の裏側の実態をすでに知っている私たちにとって、自由に空中を飛ぶ高速飛行船や通信技術は一方で高度に繁栄した社会を描き出すが、同時に事故や渋滞、さらにはジャンク情報の洪水や公害といった問題と無縁には存在し得ないことも経験済みというわけである。

もちろんそれは、莫大な資本を投下され、石油資源をふんだんに使って作り上げられた超近代的な都市に住んでいるからこそ言えることである。世界には今も圧倒的な非対称が存在しており、富の配分は公平でもなければ均一でもない。だからここでの視点は、あくまでも消費文明の最先端にある国家、都市に限定したものだとお考えいただきたい。

そこでもう一度問いたいのだが、今のこどもたちは、半世紀前こどもだった私のように、無邪気な未来図を描くことができるのだろうか。もし、できるとすればそれはどんな絵になるのだろうか。実際に、こどもたちに未来図を描けと命じたことがないので、よくわからないのだが、私には、今のこどもたちにとって未来図を描けというのは、案外難しい課題なのではないかと思われる（もし小学校で実際にやっているのならば、是非見学したいところである）。想像をたくましくする他はないのだが、ロボットが何でもやってくれる社会、バーチャルリアリティの中での生活、あるいは反対に孤島でのロビンソンのような社会への憧れが描かれるのだろうか。よくわからない。よくわからないが、私にはそれがあまり楽しそうな絵になるとは思えないような気がする。

私たちの時代、つまり戦後十数年までの時代とは、自動車、大量輸送交通、道路、建築物、ショッピングセンター、情報通信システム、商品流通システム、のどれもがまだ発展の緒についたばかりであった。そこには、テクノロジーとしても、産業としてもまだまだいくらでも発展の糊しろがあったわけである。

こどもの私でさえ、それらの生産物やシステムの多くが今後どんなふうにかたちを変えたり、能力を増したり、小型化したり、普及していったりしていくのかについて、想像することができた。当時、私が見ていた科学画報には、それらのうちのいくつかがすでにアメリカやヨーロッパ先進国では実現されていることも、写真で紹介されていたと思う。私たちは、未来というものに向けたキャッチアッパーという位置に立っていたわけである。

人口減少社会

総務省の統計によれば、日本では一九七〇年代より出生率が低下しはじめ、人口は二〇〇五年をピークに減少に転じている。二〇〇九年二月の総人口は一億二七六三万人で、前年同月よりも九万人も減少している。国立社会保障・人口問題研究所が二〇〇六年に発表した推計によると、このまま総人口は減少を続け、二〇五〇年には八九九七万人まで減少するとされている。実に三割の減少である。この急激な人口減少は何を意味しているのだろうか。

もちろん、直接の原因は毎年死亡する人間の数が、生まれる人間の数を上回るということである。これはあたりまえのことだが、このあたりまえが何故起こるのかというのは、あたりまえではない。日本は、ベビーブーマーといわれる大きな世代の塊があり、この団塊の世代がすでに還暦を迎えており高齢化社会に突入している。統計的には、社会が高齢化すると、出生率が低下するという傾向があるが、何故出生率が低下するのかは専門家でもよくわかってはいないそうである。

識字率の向上と女性の地位向上が出生率を下げるというのは、エマニュエル・トッドら人口学者の指摘するところだが、これは発展途上国の場合で、もともと識字率が圧倒的に高く、教育水準も高い日本の場合には識字率と出生率の相関は当てはまらない。女性の社会的地位と働き方の変化は、出生率に大いに関係がありそうだが、因果関係があるとまではいえない。

根拠はないが説得力はある説として、競争の激化や、地球環境の悪化に対して、女性の深層心理がこどもを作ることにブレーキをかけるといった考え方があるが、私はすこし違うのではないかと思っている。

どこかで、原因と結果が入れ替わっているような気がするのである。ほんとうは出生率は低下しているのではないとは考えられないか。

統計は出生率の低下を告げているではないかといわれるかもしれないが、私はこれを低下という言葉で言い表すのは適当ではないような気がする。この言葉には、出生率が低下することはよからぬ事態であり、異常なことであるという意味が伏在している。

松谷明彦と藤正巌の好著『人口減少社会の設計』（中公新書、二〇〇二年）によれば、「OECD（経済協力開発機構）加盟国と旧東欧圏の国で、一人の女性が一生に産む子供の数が、持続的に二人を超える国などありはしない。西欧諸国では一・八人以下である。だからどの先進国でも人口の減少に直面している」ということである。

同書の著者たちも、出生率の低下という言葉を使っているが、もともと人間の自然な出生率は、上記の数値程度のものであり、むしろ社会の発展段階における出生率の高さの方が異常なのだと考えるべきではないのかと思うのである。さすがに、賢明な著者たちは、「少子化」という奇妙な言葉には、大いなる違和感を表明している。

出生率が高くなる原因はたとえば避妊知識の欠如（教育問題）、政治的な誘導、あるいは出生児童の死亡率の高さへの防衛本能などが考えられる。いずれも人口爆発は発展途上にある社会が抱える問題であり、民主化（俗化）が進み、識字率が上がり、女性の地位が向上すれば、人間の出生率は下がり始める。しかし、戦争や疫病の流行といった突発的な要因がなければ、どこまでも下がり続けるということはないだろう。どこかで、均衡状態になり、それがその社会の適正人口というように考えられないだろうか。つまり、出生率は低下しているというよりは、自然な状態へと回帰しているというべきではないのか。

世界は現在、異常に出生率が高い社会と自然な出生率へと戻っていく社会が共存している。出生率が自然回帰に向かう社会は、相対的にみれば出生率が低下しているように見えているだけではないかと思うのである。

もし、私の推論が正しければ（いや正しくなくとも）、出生率が低下し、人口が減少してゆく社会の未来は、必ずしも暗いものではなく、むしろ人口適正社会というべき状態を作り出し、人口増加社会が持っていた多くの問題を解決する。

たとえば、少ないリソースの争奪をめぐる激しい競争はずいぶん緩和されて、競争に振り向けられていたエネルギーを別なものに使えるだろう。経済発展ということに関しても、食い扶持が減少するわけであるから、現状維持ができれば一人当たりの見かけの経済状況はむしろ向上することになる。

もし、ひとつだけ問題があるとすれば、人口減少社会というものが世界で同時的に起きるわけではないということだけである。インドや中国、ブラジル（そして移民を大量に受け容れているアメリカもだが）など人口が増え続けている社会があり、経済発展を維持しなければ運営してゆくことのできない国家と、人口が減少してゆく社会がまだら模様に同時に存在しているということである。しかも、人口減少を迎えている社会は、その社会を発展させてゆく過程で、人口増大社会から富を搾取することで発展を担保してきたという富の非対称を作り出してきた。グローバル化の進展によりこの両者の利益相反、価値相反は、さまざまな軋轢《あつれき》と混乱を生じさせることはほぼ間違いないだろう。

二〇〇八年の九月以降、世界で起きている経済的な混乱は、現象的にみればレバレッジ金融システムの行き詰まりと破綻が原因だろうが、本質的には戦後の戦勝国が作り上げてきた世界システムというものが「成長の限界」に至ったということだろうという見方もできる。

人口減少（すでに述べたように、私は減少ではなく適正回帰だと思っているのだが、相対的減少という意味でしばらくこの言葉を使う）が何を意味しているのかというところに話をもどす。

私は、人口学者がこの意味をどのように分析しているのかについての詳細については不勉強であるが、すでに、一九七二年にJ・W・フォレスターが地球上の人口は極大値を迎えており「成長の限界」に達していると指摘していた。そして、日本が人口減少の段階に入ったことは、誰もが参照できる統計数値から明らかである。もうひとつ明らかなことは、この人口減少が経済に与える影響であり、生産と消費の量的な減少が確実であるということである。短期間には浮き沈みがあったとしても、時間のスパンを十年単位で見るならば、これは明らかなことのように思える。

しかし、政治家も経済学者もこれを認めたがらない。少子化対策といって、出産を奨励する政策を立案施行したりしているが、こういった本末転倒した対策で出産が増加し、再び人口が増加するとでも考えているのだろうか。別な箇所でも何度か指摘してきたことだが、人口減少は経済成長を鈍化させる原因なのではなく、経済成長の結果なのであると思うべきである。もしそうだとすれば、政治家も企業家も、考え方を転換する必要がある。どうやったら人口を増やして、経済成長を持続させられるのかというのではなく、人口が減少してゆく社会というものを設計し、経済成長なしでもパニックが起こらないようなリスク管理と資源分配の方法を考えるべきではないのか。

もし、人口減少というものが、述べてきたように社会の適正人口へ向かう出生率の自然回帰であると考えるなら、経済もまたそれぞれの社会に応じた適正規模というものに収束していってしかるべきである。

おとなが描く未来図

光り輝く未来を夢見るのはこどもの特権である。人間ひとりの成長を見れば、筋力・体力が増強し、身体が大きくなり、知力が増し、経験が蓄積され、視野が広がるという少年期から大人になるまでの成長過程はまことに輝かしいものである。成長プロセスそのものが光り輝く未来なのである。

しかし、いかなる人間も永遠に成長することはできない。どこかで成長は止まり、やがてそれまで獲得してきたものをひとつひとつ失っていく退行のプロセスが始まる。どれだけ財貨を積み上げようが、どれだけ医学や技術の成果を集めてこようが、老いのプロセスを食い止めることはできない。

その普遍の事実は、私たちがあたりまえのように目にしている、日常的な事実であるが、同時に驚くべき事実でもある。この事実の中には時間の秘密といった解きがたい問題まで含まれている。経済学はもちろん、この事実を自らの学問領域から除外する。しかし、ほんとうはどこかで、人も社会も成長段階があれば老いていく段階もあるのだ、ということを勘定にいれて考えることが必要になる。

以前、私はある問いをめぐって小さなエッセイを文芸誌に寄稿したことがあった。ある問いとは、「ヒラカワさん、もし、二十億円か、二十年前の自分に戻るかの、どちらかを選んでいいと言われたら、どうしますか」という問いである。

この問いは、論理的には成り立たない。二十億円という即物的な価値と、二十年若返るという不可能な願望という、本来次元を異にした事象を並列に並べてどちらかを選べと問いかけているわけである。それでも私はこの問いのなかに、大変示唆深いものが含まれていると思い、しばらくそれについて考えてみたのである。そして、この問いが示唆しているものが、「時間」というものの秘密であると思い至ったのだ。


観念的な言い方を許していただけるなら、生きるということは、時間の中に自分を投ずることである。そして、私は、それは将来の自分というものに対して、投資し続けるということ、言い換えるなら、絶えず何かを贈与し続けるということではないかと言ってみたい気がする。贈与している何かとは「若さ」そのものである。

長い時間の中で、自らが行った贈与は、思わぬところを迂回して自分の所へ返ってくるのである。手元に「若さ」は既にない。しかし、私は「若さ」が何であったのかをこのときはじめて知るのである。この贈与と応答の関係は、お金を払って物品を受け取るといった等価交換の関係とは、本質的に異なっている。ややこしい言い方ですまない。要するに、時間の中では等価交換といった合理的な計算は成り立たないとい

いたいだけである。(『野性時代』二〇〇五年九月号)

詐欺師がビジネスマンに似ており、ビジネスマンが詐欺師と変わらなくなっているのには、大きな理由がある。それは、ある意味で時代の必然であるともいえる。高度消費資本主義、市場万能主義の世の中で、もっとも重要な概念が「効率」であることは、誰もが疑わないだろう。「効率」とは何かをつきつめれば、それは「時間の短縮」というところに行き着くはずである。時間を短縮すれば、ビジネスのサイクルは早まり、資本は高速で回転し、収益もそれだけ高くなる。これは、簡単な算術なのだが、それは同時に人間が時間というものを操ることが可能であるかのような錯覚を生み出したのである。

詐欺師とは、畢竟するところ富の収奪を最短距離・最短時間で可能にしようとする人々である。彼らは商品をつくって、市場を迂回させ、顧客に届け、顧客の返礼が自分の手元に戻ってくるというようなまだるっこしいビジネスサイクルを嘲笑する。それは、お金でお金を買う金融ビジネスとどこかで似てきてしまうのである(同じだ、なんて言うつもりはありません、念のため)。

時間をお金で買うことはできない。しかし、人を騙《かた》ってお金を巻き上げることは可能である。あるいは、お金を金融市場に回して、お金を増やすことはできる。数千億のお金を借りて、会社を買うと見せかけて株価を上げて、数百億の利ざやをとることだって可能性としてはありうる（現に、似たようなことがありましたよね）。一方は詐欺だが、一方は商取引ということになっている。ひとつだけ、同じなのは効率とスピードを求めるビジネスにも、人を騙って手にした金品にも、時間が刻印されていないということである。（前掲誌）

「うかうかしていると、日本は国際社会から置いていかれる」。某経済産業省官僚の言である。「今、日本人は内向きになっている」。某売れっ子コンサルタントの言。「グローバル化の中で、実効性のある選別投資をおこなうべきである。そして、確実な成長戦略を打ち立てることが急務である」。某企業家の言。

こういったことは、これまでも何度も言われてきたし、現在も言われ続けていることである。かくして、国も企業も経済成長ということを当然の理として、より豊かであること、より効率的であること、より高生産であること、より高収益であることを実現するために計画を立て、実戦配備を行うことになる。

そのように考えることは正しいとも、間違っているとも言えない。ただ、もし日本の社会というものがすでに成熟期を迎えており、経済成長の糊しろが薄い〈定常状態〉に向かっているのだとするのならば、経済成長を前提とした国家戦略も企業戦略もこれから先、現実との乖離を大きくしていくだけであり、その乖離を埋めるために無理を重ねるということになる。

その光景はすでに老いを迎えているにもかかわらず、成長期の若者を羨望し、若さにしがみつこうとしている大人になりきれないこどものように見える。

かれが思い違いをしているのは、若さというものがつねに正しく、老いは退行であり、破滅へ向かう忌むべきものだと思っていることである。

アンチエージング美容は隆盛だし、人々はたがいに若さをたたえあう。それはひとつの価値観であるといってもよい。しかし、この価値観もまた経済成長史観というものが作り上げたものであるかもしれないと疑うことはしない。

老いは退行であり、忌むべきものである。ゼロ成長モデルはうまくいかない。

そう思うのは、老いもゼロ成長もまだ経験したことのない、未来だからである。

それはちょうど私がこどもの頃に描いた、これまでの成長をただ引き伸ばした未来図のようなものだ。

いまなら、光り輝くものではないかもしれないが、もう少し味のある未来図を描けそうな気がする。なぜなら、国も私も十分に成熟したからであり、成熟こそ私たちが若さと引き換えに得た、貴重で信ずるに足る資産だからである。

成熟した未来図を成熟した大人が描く。

その作業をひとりひとりが、はじめてみてもよいと思う。

あとがき

　エッセイとも論文ともつかない拙い文章を最後までお読みいただきありがとうございます。それぞれのタイトルが付された文章には、相互に脈絡がなさそうでもあり、つながっているようでもあり、それぞれ結論がありそうでもあり、問いとして投げ出されているようでもあるという印象を持たれたかもしれない。なんだ、具体的な結論も、処方箋もないじゃないかと言われれば、すみませんと頭を下げるしかない。

　私たちの身の回りに日々起きている事件を見ていると、それらの何の脈絡もなく突発的に起きたように見える出来事がどこかでつながっており、ひとつひとつの事件は、そのつながりの端緒を探り出してほしいと叫んでいるように思える。

　端的に言って、そのつながりの端緒とは、ごく身近なところに存在しているが見落としているものである。それは、私たちが作り出してきたこの世界のシステムに、私たち自身が搦《から》めとられ、窒息している姿そのもののうちに潜んでいる。それが何であるのかを性急に名指すのはやめよう。貧困とか、差別とか、あるいは社会制度のひずみといった言葉で名指せば、その瞬間につながりそのものが、それを摑みかけていた掌からこぼれ落ちてしまうからである。しかし、だからといってただ見て見ぬ振りをして、個人的な日常に戻っていくこともできない。

私にできることは、摑みかけている端緒を手放さないでいることであり、そのつながりに何か肯定的な意味がないかどうかを探ることであり、なければそれを付与することができるかどうかと自問することだけである。

そのような立ち位置を確かめながら書き綴った文章をまとめたものが本になった。関係者各位には謹んでお礼を申し上げたいと思う。また、このような酔狂な試みに、助言と励ましを与え続けてくれた講談社の岡本浩睦さん、川治豊成さんにはあらためてお礼を申し上げたい。

お気づきのように、収録された文章はそれぞれ独立しており、すでに雑誌に発表したものも含まれている。「イスラムとは何でないかを証明する旅」は藤原書店発行の雑誌『環』第三十二巻「エマニュエル・トッド特集」に発表したもの。また「利便性の向こう側に見える風景」は、NTTドコモの研究誌である季刊『Mobile Society Review／未来心理』十一号（二〇〇八年三月）に発表したものである。ドコモの雑誌に携帯電話についてのネガティブな見解を書かせていただいた。「直接的にか、間接的にか、あるいは何かを迂回して、「かれ」と出会う」は、洋泉社『アキバ通り魔事件をどう読むか!?』(洋泉社ムック編集部編、二〇〇八年)に発表したもので、私が事件の現場にそのとき居合わせなかったのはまったくの偶然でしかないという事実は、今でも折に触れて私の胸を苦しくさせる。

以上の他、みずほ総合研究所発刊の月刊誌『Fole』に連載したコラムを加筆修正したものが多くあるが、そのほとんどは原型を留めていない。

今回それらを含めて一冊の本にするにあたり、ほとんどの文章は大幅に手を入れたり、書き足したりした。

二〇〇九年三月

N.D.C. 330 238p 18cm
ISBN978-4-06-287992-7

講談社現代新書　1992

経《けい》済《ざい》成《せい》長《ちょう》という病《やまい》——退《たい》化《か》に生《い》きる、我《われ》ら

二〇〇九年四月二〇日第一刷発行

著者　平《ひら》川《かわ》克《かつ》美《み》

発行者　鈴木　哲

発行所　株式会社講談社
東京都文京区音羽二丁目一二—二一　郵便番号一一二—八〇〇一
電話　出版部　〇三—五三九五—三五二一
　　　販売部　〇三—五三九五—五八一七
　　　業務部　〇三—五三九五—三六一五

装幀者　中島英樹

印刷所　凸版印刷株式会社

製本所　株式会社大進堂

定価はカバーに表示してあります　Printed in Japan

「講談社現代新書」の刊行にあたって

教養は万人が身をもって養い創造すべきものであって、一部の専門家の占有物として、ただ一方的に人々の手もとに配布され伝達されうるものではありません。

しかし、不幸にしてわが国の現状では、教養の重要な養いとなるべき書物は、ほとんど講壇からの天下りや単なる解説に終始し、知識技術を真剣に希求する青少年・学生・一般民衆の根本的な疑問や興味は、けっして十分に答えられ、解きほぐされ、手引きされることがありません。万人の内奥から発した真正の教養への芽ばえが、こうして放置され、むなしく滅びさる運命にゆだねられているのです。

このことは、中・高校だけで教育をおわる人々の成長をはばんでいるだけでなく、大学に進んだり、インテリと目されたりする人々の精神力の健康さえもむしばみ、わが国の文化の実質をまことに脆弱なものにしています。単なる博識以上の根強い思索力・判断力、および確かな技術にささえられた教養を必要とする日本の将来にとって、これは真剣に憂慮されなければならない事態であるといわなければなりません。

わたしたちの「講談社現代新書」は、この事態の克服を意図して計画されたものです。これによってわたしたちは、講壇からの天下りでもなく、単なる解説書でもない、もっぱら万人の魂に生ずる初発的かつ根本的な問題をとらえ、掘り起こし、手引きし、しかも最新の知識への展望を万人に確立させる書物を、新しく世の中に送り出したいと念願しています。

わたしたちは、創業以来民衆を対象とする啓蒙の仕事に専心してきた講談社にとって、これこそもっともふさわしい課題であり、伝統ある出版社としての義務でもあると考えているのです。

一九六四年四月　野間省一